UMA TOTAL MUDANÇA DE MENTALIDADE
As Promessas dos Últimos Anos do Século XX

Willis Harman, Ph.D.

UMA TOTAL MUDANÇA DE MENTALIDADE
As Promessas dos Últimos Anos do Século XX

Tradução
CECÍLIA CASAS

CULTRIX/PENSAMENTO
São Paulo

Título do original:
Global Mind Change
The Promise of the Last Years on the Twentieth Century

Copyright © 1989 by Hermann Bauer Verlag KG.
Publicado originalmente nos EUA por
Institute of Noetic Sciences.

Edição	Ano
1-2-3-4-5-6-7-8-9-10	94-95-96-97-98

Direitos de tradução para a língua portuguesa
adquiridos com exclusividade pela
EDITORA PENSAMENTO LTDA.
Rua Dr. Mário Vicente, 374 – 04270-000 – São Paulo, SP – Fone: 272-1399
que se reserva a propriedade literária desta tradução.

Impresso em nossas oficinas gráficas.

O Alquimista, por Rembrandt van Rijn

A Respeito da Obra

*Talvez os únicos limites para a mente humana
sejam aqueles nos quais acreditamos.*

Se o mundo de que nos fala a ciência é *verdadeiro*, por que não nos sentimos à vontade dentro dele?

As forças e os fatores aptos a provocar uma *completa mudança de mentalidade* já estão em marcha.

Através da História, as mudanças realmente fundamentais das sociedades nasceram, não de decretos governamentais, nem como resultado de batalhas, mas devido à mudança de mentalidade – ainda que, às vezes, muito pequena – num grande número de pessoas.

Algumas dessas mudanças redundaram em profundas transformações – por exemplo, a transição do Império Romano para a Europa medieval, ou da Idade Média para os tempos modernos. Outras mudanças foram mais específicas, como a constituição dos Estados democráticos da Inglaterra e da América, ou o término da escravidão como instituição aceita. Nestes últimos exemplos, o importante é as pessoas se conscientizarem de que por mais forte que seja uma organização política, econômica ou militar, ela só subsistirá porque tem legitimidade e essa legitimidade procede da opinião do povo. Ao povo cabe outorgar e revogar a legitimidade. O desafio à legitimidade talvez seja a maior força de transformação encontrada na História.

Ao princípio consagrado de que o povo pode revogar a legitimidade e, dessa forma, transformar o mundo, acrescentamos outro princípio: ao mudar deliberadamente a imagem interna da realidade, as pessoas têm o poder de transformar o mundo.

DEDICATÓRIA

Quero dedicar este livro a quatro pessoas que afetaram profundamente a última parte da minha vida: Alfred M. Hubbard e Judith Skutch Whitson, meus mestres no mais estrito senso, e à generosidade de Paul N. Temple e Henry Rolfs, graças à qual, por intermédio do Instituto de Ciências Noéticas, tive a liberdade de servir da melhor forma ao meu alcance.

AGRADECIMENTOS

Quero espelhar minha gratidão a muitas pessoas, em particular a Brendan O'Regan, Tom Hurley e Barbara McNeill, membros da equipe de trabalho do Instituto de Ciências Noéticas. Agradeço também a Carol Guion, editora do Instituto, e a Leona Jamison, artista gráfica, pela sua inestimável ajuda na produção deste livro, e a Art Holman pelo desenho da capa e das aberturas de capítulos.

Sumário

1. A heresia científica: A transformação de uma sociedade, ... 21
   A revolução copernicana 21
   Indícios de mudança de paradigma 28
   Crença inconsciente 32
   A lição da hipnose 36

2. Consciência como realidade causal, ... 43
   A formação da visão universal científica 43
   Pressupostos tácitos da ciência convencional 47
   Escolha a sua metafísica 52
   A predominância plausível da M-3 55

3. Desafios ao positivismo e ao reducionismo, ... 61
   O papel da mente na saúde, na doença e na cura 61
   Atenção e volição 66
   Mente, instinto e evolução 69
   Faculdades excepcionais 73

4. O novo paradigma da psicologia: A legitimação do
   transpessoal, ... 79
   A difícil tarefa de ter uma mente aberta 80
   Objetividade e confiabilidade científicas 85

Múltiplas pessoas num só corpo 87
Criatividade e saber inconscientes 91
Afirmação e imaginário interior 93
Os limites da criatividade 95
A "sabedoria perene" na religião 97
A ciência e a "sabedoria perene" 101
Rumo a uma ciência mais abrangente 105
Um comentário conclusivo 118

5. Como transformar o macroproblema mundial, ... 123
Uma perspectiva diferente 125
Origens do macroproblema mundial 130
Dados fornecidos pelos movimentos sociais 134
Os valores enfáticos do mundo transmoderno 140
Símbolo de um novo relacionamento com a Terra 143
Os gregos tinham um nome para isso 147
O novo setor dos negócios 147

6. Aspectos da mudança do sistema mundial, ... 155
A necessidade de redefinir o trabalho 155
Uma redefinição do desenvolvimento global 166
Em busca da segurança global 171
Política e valores 177
Mudança na linha de conduta: Um exemplo 182
Reflexão final 186

Referências e leitura adicional 188
Sobre o Autor 190
O Instituto de Ciências Noéticas 192

Preâmbulo

Os primeiros vinte anos da minha vida profissional foram dedicados ao ensino de Engenharia Elétrica e de Análise de Sistemas numa grande universidade. Os vinte anos seguintes foram despendidos numa firma de pesquisas contratuais, como cientista social e futurólogo, ajudando clientes da área governamental e empresarial a traçar planos estratégicos que abrangiam uma vasta gama de questões políticas de ordem prática. Minha tarefa particular consistia em ajudá-los a ponderar sobre essas questões dentro de um contexto futuro, no qual as conseqüências das suas decisões iriam se manifestar. Lidar com esses problemas, dia após dia, em período integral, constituiu-se num raro privilégio para mim e eu aprendi muito com isso.

À medida que os anos passavam, descobri que na minha mente estava se delineando um quadro sobre o propósito da nossa época, acompanhado de muitas alternativas futuras plausíveis. O quadro foi-se tornando mais claro e, na ocasião em que me afastei desse tipo de atividade, ao partir para uma terceira (a atual), restavam-me poucas dúvidas quanto à natureza fundamental da transformação por que estávamos passando. Embora consciente de que alguns aspectos dessa transformação pudessem parecer absurdos à maioria das pessoas, eu estava convencido (e minha convicção continua a se fortalecer) de que a verdadeira ação, hoje em dia, consiste em *mudar os pressupostos básicos*.

Em 1977 aceitei o convite de Edgar Mitchell e da Diretoria do Instituto de Ciências Noéticas para participar, ao lado deles, de um trabalho voltado

13

para a "expansão do conhecimento da natureza e dos potenciais da mente, e para a aplicação desse conhecimento no desenvolvimento da saúde e do bem-estar da humanidade e do planeta". (A palavra "noética", originária do vocábulo grego "nous" significando mente, inteligência e entendimento, incorpora as três formas pelas quais adquirimos sabedoria: os processos racionais do intelecto, a percepção de nossas experiências através dos sentidos e as formas intuitivas, espirituais ou subjetivas do entendimento. As ciências noéticas consistem num estudo sistemático que abrange todas essas manifestações do conhecimento, que formam a base de como vemos a nós mesmos, ao próximo e ao mundo.)

Pelo fato de o trabalho do Instituto situar-se no âmago da atual "mudança de paradigmas" – e é precisamente nessa área que os pressupostos básicos fundamentais para a moderna sociedade ocidental são mais questionados – eu soube que havia encontrado o lugar ideal para mim.

A tarefa, porém, não é fácil. As pessoas se sentem ameaçadas pelo conhecimento (consciente ou inconsciente) de uma mudança iminente em suas vidas. A perspectiva de que "verdades" que conheceram durante toda a sua vida possam ser substituídas por outros pontos de vista, pode ser especialmente assustadora. Surge então uma tendência para "contra-atacar" – para reagir ativamente às mudanças. Observa-se a reação fundamentalista, em todas as partes do globo, à concretização de mudanças preconizadas pela sociedade moderna como forma de vida – mudança tecnológica, incremento do poder das instituições, enfraquecimento dos compromissos vinculados a antigos valores.

Podemos ter uma idéia de quão assustador será o exame crítico dos pressupostos básicos que solapam a própria sociedade moderna. As pesquisas históricas e sociológicas demonstram tipicamente que, durante semelhantes mudanças revolucionárias, aumenta a freqüência das doenças mentais, das rupturas sociais e da ação da polícia, reprimindo essas rupturas, crimes violentos, terrorismo, cultismo religioso e a aceitação do hedonismo sexual. Estes indícios são, claro, visíveis hoje em dia e ainda podem se agravar antes que voltem a níveis mais normais. São todos basicamente respostas à ansiedade e à insegurança constantes na inconsciente ameaça de mudanças.

Compreender a necessidade de mudanças provavelmente reduzirá a ameaça, à medida que entendamos que a sociedade não pode continuar por muito mais tempo na marcha atual, cada vez mais inviável. Porém, a mudança social implica mudança individual, e é isso que gera a mais aguda ansiedade.

Talvez as duas próximas décadas venham a ser especialmente críticas. Acredito que o desafio básico não esteja na resistência a mudanças, que poderão ser inevitáveis, nem no esforço em provocá-las prematuramente, mas sim na tentativa de ajudar a nossa sociedade a conhecer a natureza e a necessidade das forças dessa transformação histórica que estamos vivendo, passando por ela com dedicação e colaboração mútuas e com o mínimo de sofrimento possível.

Com sinceridade, diálogo e esforço sincero de ver o mundo com outros olhos, poderemos juntos chegar à compreensão do que seja necessário fazer e do compromisso de fazê-lo. A minha vida inteira escutei o seguinte conselho: "Não fale apenas; vá à luta e faça alguma coisa!" O problema é que na atual conjuntura temos muita probabilidade de fazer a coisa errada. Se a intenção for dar o conselho adequado a esta época tão incerta, o correto talvez deverá ser o inverso: *"Não faça apenas alguma coisa; vá à luta e fale."*

Nesta terceira atividade, sinto fortemente que minha missão é promover um diálogo que contribua para esse entendimento. Este livro é um passo nessa direção; espero que ele seja útil.

Willis W. Harman
Sausalito, Califórnia
Setembro de 1987

Introdução

Imagine-se como um historiador, em algum momento do próximo século, olhando para o passado. Qual fato você consideraria o mais importante ocorrido no mundo durante o século XX? – Foi colocar o homem na Lua? A criação das Nações Unidas? Ou o desenvolvimento das armas nucleares, dos computadores e da inteligência artificial?

Minha opinião é a de que seria algo bem menos palpável para aqueles que, como nós, estão vivendo o momento presente; algo cujo significado não ficará ainda, por décadas, completamente esclarecido. Algo tão sutil como uma mudança de mentalidade, mudança essa que já está assomando das profundezas do inconsciente, alastrando-se pelo mundo, tudo transformando.

Sem dúvida seria muito mais fácil responder, se essa pergunta fosse sobre o século XVII. Ao recapitularmos a História, podemos ver facilmente que o fato mais importante para o desenvolvimento do mundo não foi a Guerra dos Trinta Anos ou a paz da Westfália, nem o fim da Dinastia Ming, na China, nem mesmo a fundação de colônias ao longo da costa atlântica da América do Norte. A maioria das pessoas iria provavelmente concordar, após alguma reflexão, que venceria como o fato mais importante para o desenvolvimento do mundo a completa mudança de mentalidade que denominamos ''revolução científica''. A revolução científica começou na Europa Ocidental e, em última análise, afetou a vida dos povos de toda a Terra de uma maneira tão radical que fica difícil encontrar, em qualquer outro momento da História, uma transformação que se lhe possa comparar.

Pode parecer uma hipótese ousada aventar que em fins do século XX passaremos por outra mudança básica de mentalidade, no mínimo tão profunda e muitíssimo mais rápida que a anterior. E, no entanto, nisto consiste a tese deste livro.

Já estamos inseridos nessa mudança de mentalidade. Ela está alterando a nossa maneira de interpretar a ciência, modificando drasticamente nossas noções de cuidados com a saúde, revolucionando nossos conceitos de educação e causando alterações de monta no mundo dos negócios e das finanças; está presente no processo de não legitimar a guerra e de provocar uma completa revisão nos meios para se alcançar a segurança nacional e a mundial.

Seus efeitos ainda permanecem relativamente invisíveis. Ela não se mostra com clareza nas pesquisas levadas a efeito sobre valores e estilos de vida; sua incursão pelos campos da ciência parece ainda menos significativa; seus exemplos na coletividade, embora notáveis, representam uma fração mínima do todo. A mudança de mentalidade talvez seja mais visível na reavaliação dos cuidados com a saúde e com a plena aptidão física; entretanto, mesmo nessas áreas, suas mais profundas implicações não são discutidas ampla e abertamente.

Poucas pessoas hoje em dia duvidam de que o mundo esteja passando por um certo tipo de transição estrutural. As evidências estão por toda parte. Que proporções essa mudança assumirá torna-se mais discutível. Para algumas pessoas, o padrão de uma transformação radical salta aos olhos; para outras, isso constitui-se numa conclusão muito mais problemática.

Muitos de nós hesitamos em imaginar que podemos estar vivendo uma das mais fundamentais mudanças ocorridas na história da civilização ocidental. Sentimo-nos um pouco relutantes, parecendo presunçosos com relação ao nosso próprio tempo: não pensam todas as gerações estar vivendo um período histórico sem paralelo?

E, no entanto, essa possibilidade deve ser considerada seriamente.

Esta pequena obra aventa a hipótese de que uma mudança já está ocorrendo no nível mais fundamental da estrutura das crenças, na sociedade industrial do Ocidente. O livro é deliberadamente pequeno porque seu objetivo não é o de chegar a uma conclusão definitiva, mas estimular um diálogo crítico. As referências foram colocadas no final da obra, em vez de

A *heresia científica:*
A *transformação de uma sociedade*

Era uma vez o filho de um mercador, chamado Nicolau Copérnico, que vivia numa pequena cidade da Polônia. Era estudante de Direito, Medicina e Matemática. Apesar de ainda estar nos seus vinte anos, já era internacionalmente conhecido como matemático e conferencista. No entanto, sentia-se fascinado, acima de tudo, pelas complicações matemáticas da Astronomia...

A história é conhecida de todos, e aqui repetida devido à sua relevância contemporânea. *Por que as idéias de Copérnico tiveram tamanha repercussão em toda a Europa Ocidental?* Como essas forças de transformação tão grandes foram postas em movimento? Suponhamos que uma transformação semelhante estivesse a caminho hoje – reconheceríamos seus sinais?

A *revolução copernicana*

Se Copérnico não tinha a intenção de criar uma heresia, quanto mais uma ''revolução''! Ele era cônego e advogado na Catedral de Frauenberg, a mais setentrional diocese católica da Polônia; entretanto, devotava realmente muito do seu tempo a estudos de Astronomia. À medida que se aprofundava nesses estudos, ficava cada vez mais insatisfeito com o sistema teórico predominante, o do erudito de Alexandria, Ptolomeu. Essa interpre-

(mantendo, entretanto, o conceito de movimentos circulares uniformes), descobriu que o resultado era esteticamente superior e o modelo de certo modo mais simples, quando comparado ao sistema ptolomaico.

A princípio, ele apenas divulgou as novas idéias entre seus amigos, sem alarde. Enquanto isso, desenvolveu ainda mais seu pensamento, por meio de diagramas e cálculos matemáticos. A fim de que seu modelo se ajustasse às observações astronômicas, achou necessário anexar-lhe numerosas complexidades. No final, o esquema de Copérnico era mais elegante que o de Ptolomeu, mas não especialmente mais simples. (Foi Johannes Kepler, um contemporâneo de Galileu que, tempos depois, aduziu a noção das órbitas elípticas e formulou as leis descritivas do movimento planetário de uma maneira muito mais simples.)

Após três décadas de elaboração, o livro de Copérnico, *Da Revolução das Esferas Celestes*, foi finalmente publicado no ano da sua morte, 1543; uma segunda edição saiu do prelo em 1566 e, pelo fim do século, encontrava-se bem difundido, tanto nos países católicos como nos países protestantes da Europa Ocidental. Seu trabalho oferecia não apenas um sistema alternativo ao ptolomaico: em vários pontos conflitava diretamente com as respeitadas idéias de Aristóteles. Por exemplo, Aristóteles defendera a estabilidade da Terra e ensinara que os corpos caem no chão por ser esse o seu "lugar natural" – o mais ligado ao centro do universo. Se Copérnico estivesse certo, seria preciso encontrar uma nova explicação para o comportamento dos corpos cadentes, uma vez que a Terra já não mantinha uma posição única. (O reexame desse assunto provavelmente conduziu ao conceito da gravitação universal, de Newton.)

Em toda a cristandade ocidental as doutrinas de Aristóteles haviam sido alçadas quase ao nível de dogmas religiosos. Para alguns, as idéias de Copérnico equivaliam a heresias. Para outros, no entanto, que consideravam o dogma aristotélico destituído de desenvolvimento intelectual, a ruptura com as doutrinas tradicionais realmente aumentava a atração da teoria copernicana. (Por exemplo, no seu *Diálogo sobre os Dois Principais Sistemas do Mundo* (1632), Galileu – por meio de uma discussão entre personagens fictícios – defende enfaticamente a idéia de ser mais razoável que a Terra se mova e que não seja o centro do universo; daí, a inconsistência de toda a cosmologia de Aristóteles. A frágil defesa de Aristóteles coube ao seu fiel adepto, Simplício, cujos leais argumentos foram combatidos impiedosamente.)

As implicações das idéias de Copérnico foram, entretanto, muito além. A destronização da Terra como centro do universo causou um profundo choque. A Terra não poderia mais ser considerada a síntese da criação, pois era apenas um planeta como os outros. A Terra não era mais a sede de toda mutação e decadência, com o universo imutável à sua volta. E a crença numa correspondência do homem (o microcosmo), como um reflexo do universo circundante (o macrocosmo), não era mais válida. Na verdade, a inferência era a de que o homem, afinal de contas, poderia não ocupar uma posição tão especial na criação. As idéias copernicanas vieram a se tornar um foco de tremendas controvérsias na filosofia, na religião e na teoria social, controvérsias que determinaram o curso do pensamento moderno; em termos de valores ocidentais, incentivaram uma importante transição. De fato, a revolução copernicana importou em um desafio vitorioso a todo um sistema tradicional de autoridade, exigindo uma completa mudança na concepção filosófica do universo. Era uma heresia, na mais ampla acepção da palavra. Em suma, a "heresia científica" prevaleceu e hoje a recordamos como um passo evolutivo e, sem dúvida alguma, positivo.

Sabemos, hoje, que a mudança no modo de pensar, simbolizada pelo episódio copernicano, foi muito além do debate astronômico e filosófico; fez parte de uma transformação muito mais ampla envolvendo, na totalidade, o modo de ver o mundo – transformação que hoje chamamos de "revolução científica". Os revolucionários viam a si mesmos como combatentes contra as formas tradicionais de pensar e educar. A heresia foi dirigida ao sistema dominante conhecido como Escolástica. A Escolástica preconizava a existência de um mundo criado e guiado por Deus, para o bem do homem. Suas interpretações derivavam, em grande parte, de citações de fontes autorizadas, filosóficas ou bíblicas. A função primordial dessa sabedoria era racionalizar a experiência sensorial, harmonizando-a com a religião revelada. A nova forma, ao contrário, era empírica: *é verdadeiro o que é considerado verdade pela inquirição científica. A suprema autoridade está na observação e na experimentação, em lugar da tradição.*

Assim, em 1600, um homem culto (a maioria das pessoas cultas era constituída de homens) *sabia* que a Terra era o centro do universo – a sede da mudança, da queda e da redenção cristãs – enquanto acima dela giravam estrelas e planetas, eles mesmos perfeitos e imutáveis, mas movidos por uma espécie de inteligência ou espírito divino e também orientando e influenciando as ocorrências humanas, em seus aspectos e situações. Cem anos

sê-lo – são absorvidas, como por osmose, por todas as pessoas nascidas numa determinada sociedade. São aceitas como dadas, como obviamente verdadeiras – e, através de quase toda a História e pela maioria dos indivíduos, jamais são questionadas.

Uma palavra que Thomas Kuhn tornou popular no seu estudo *The Structure of Scientific Revolutions* (1962) tem sido freqüentemente empregada (algumas vezes de maneira bem imprecisa), para referir-se à transformação da sociedade – fá-lo em termos de mudança de "paradigma". Quando usado dessa forma, o paradigma dominante de uma sociedade diz respeito às *formas básicas de perceber, pensar, avaliar e agir, associadas a uma visão particular da realidade.* O que na revolução de Copérnico chocou tanto a Terra foi que a *visão fundamental da realidade* estava sofrendo um abalo; com esse abalo sobrevieram transformações importantes *"nas formas básicas de perceber, pensar, avaliar e agir"* – mudanças que anunciavam os tempos modernos.

Não teria sido possível para alguém, digamos, na primeira metade do século XVII, prever quais seriam as conseqüências dessa mudança de paradigma – se alguém realmente fosse capaz de reconhecer que tal alteração fundamental no sistema de crenças estivesse ocorrendo. O melhor que uma pessoa poderia fazer seria sugerir algumas características amplas da nova sociedade. De maneira semelhante, se uma transformação desse tipo estiver acontecendo atualmente, podemos identificar esse fato e antecipar certas qualidades de uma sociedade pós-transformação. Isso poderá ser extremamente útil e é o que estaremos tentando fazer neste livro.

Indícios de mudança de paradigma

Que espécie de evidência poderia justificar uma comparação tão extravagante quanto a implicada pela frase – "a *segunda* revolução copernicana", ou nos fazer pensar em "uma *nova* heresia" que poderia mudar o mundo tanto quanto a "heresia científica" o fez? Daremos aqui uma resposta preliminar e depois estudaremos a questão, em detalhe, nos capítulos seguintes.

Roger Sperry, do Instituto de Tecnologia da Califórnia, partilhou, em 1981, o Prêmio Nobel de Fisiologia ou Medicina pelo seu trabalho relativo a estudos em cortes cerebrais humanos. A pesquisa realizada por Sperry, envolvendo uma exaustiva observação de pacientes cujos cérebros haviam realmente sido separados com precisão do corpo caloso que une os dois hemisférios, mostrara que existem diferenças importantes no funcionamento entre o lobo direito e o esquerdo do cérebro. (Uma diferença não tão grande, talvez, como seríamos levados a crer com relação ao mito "cérebro esquerdo, cérebro direito", da psicologia *pop*, mas indubitavelmente significativa.) Como conseqüência dessa honraria, ele foi convidado a escrever o artigo de fundo da *Annual Review of Neuroscience* de 1981.

Pois bem, esse artigo é, tradicionalmente, um sumário que passa em revista as conquistas alcançadas nos anos anteriores, dentro de uma área específica, acompanhadas de algumas sérias insinuações de que se poderia ter feito muito mais se houvesse mais fundos disponíveis. A tese de Sperry, intitulada "Mudanças Prioritárias", não seguiu o modelo tradicional. Ao contrário, tratou da importância da área da experiência subjetiva, antes negligenciada, e assinalou um marcante progresso que descreveu da seguinte maneira:

> Os conceitos atuais da relação mente-cérebro envolvem uma absoluta ruptura com as doutrinas materialista e comportamental, há muito instituídas, e que dominaram a neurociência por muitas décadas. Em vez de renunciar à consciência ou de ignorá-la, a nova interpretação confere pleno reconhecimento à primazia da percepção consciente inferior como realidade causal.

É provável que nem todos os colegas do dr. Sperry concordem com ele, como é certo que grande parte da comunidade científica não esteja de acordo com suas idéias. Veremos adiante que provas podemos aduzir para sustentar essa assertiva. Por ora, no entanto, presumamos que ela seja verdadeira. Pensemos como deve ser revolucionário esse conceito, a ponto de a ciência passar, a partir desse momento, a acatar a consciência *como uma realidade causal.*

No decurso da história da maioria dos tipos de ciência, a teoria e a pesquisa científica têm-se baseado em uma metafísica implícita, ao mesmo tempo *reducionista* e *positivista*. Isso significa que os cientistas têm procurado explicar os fenômenos a partir dos acontecimentos mais elementares (por exemplo, a cor, explicada em termos de comprimento de onda, a pressão

Assim como "a Terra gira ao redor do Sol" converteu-se, de certo modo, na súmula inadequada da revolução copernicana, assim também tornou-se "a consciência como realidade causal" a súmula da "segunda revolução copernicana".

Mas, à medida que reconhecemos "a percepção consciente interior como uma realidade causal", lembramo-nos imediatamente da insistência de Sigmund Freud de que os processos inconscientes são também causais, com relação ao nosso comportamento. Para avaliar como e o quanto esses novos elementos irão mudar as coisas, o ponto de partida mais adequado ao nosso propósito é o conceito de *crenças inconscientes*.

Crença inconsciente

Este conceito de crença inconsciente e o grau em que ele pode moldar e distorcer a percepção de tudo à nossa volta – e dentro de nós – é tão vital para o entendimento da completa mudança de mentalidade que faremos uma curta digressão a fim de examiná-lo com mais cuidado.

Todos nós somos possuidores de uma série de crenças, por meio das quais conceituamos a nossa experiência – crenças quanto à história, crenças quanto a coisas, crenças quanto ao futuro, quanto ao que deve ser valorizado ou quanto ao que devemos fazer. O que pode parecer menos claro é o fato de termos crenças inconscientes, tanto quanto conscientes. (Existem muitas formas pelas quais as pessoas tentaram falar sobre os processos e conteúdos das mentes consciente e inconsciente. Na exposição a seguir, adotaremos uma fórmula adequada e convincente e o mais isenta possível de jargões psicológicos. Ela faz uso do conceito de um *sistema de crenças* consciente e inconsciente, tal como o introduzido pelo psicólogo Milton Rokeach, na sua obra *The Open and Closed Mind* [1960].)

As pessoas podem não se dar conta de que possuem essas crenças inconscientes, que, no entanto, podem ser inferidas do seu comportamento – de *lapsus linguae*, de atos compulsivos, de "meios de expressão corporal", e assim por diante. Um exemplo muito conhecido, extraído da psicoterapia, é a crença inconsciente na própria incompetência ou inferioridade. As pessoas podem conscientemente sentir-se competentes e iguais às outras quase todo o tempo, porém, sob certas circunstâncias, seu comportamento, postura corporal, etc., podem indicar que inconscientemente acreditam no contrário.

Assim, não podemos aceitar cegamente os fatos nos quais uma pessoa afirma acreditar. Ela pode estar nos enganando deliberadamente, ou racionalizando, sem saber em que acredita realmente. Temos que inferir as crenças inconscientes de uma pessoa a partir de tudo o que ela diz ou faz. Isso vale tanto para nós como para os outros. *Não sabemos* no que acreditamos inconscientemente, mas é quase certo que não é no que pensamos acreditar conscientemente.

O *sistema total de crenças* de uma pessoa consiste num conjunto de crenças e expectativas – expressas ou não, implícitas e explícitas, conscientes e inconscientes – que ela aceita como verdadeiras com relação ao mundo em que vive.

Esse sistema de crenças não precisa ter consistência lógica; na verdade, provavelmente nunca a tenha. Pode ser dividido em compartimentos contendo crenças logicamente contraditórias que, de maneira típica, não assomam à percepção consciente nas mesmas ocasiões. Inconscientemente, a pessoa rechaça os sinais que possam revelar tal contradição interior. Observem que essa decisão de *não* se tornar conscientemente cônscio de algo é inconsciente. Nós *optamos*, como também acreditamos inconscientemente.

É possível conceber que o sistema de crenças é formado por zonas ou camadas ''concêntricas''. A região mais externa contém crenças relativamente acessíveis à percepção consciente e relativamente fáceis de ser mudadas (pela educação, por exemplo). Um pouco mais implantadas no sistema estão as crenças de nível intermediário, menos acessíveis e mais resistentes às mudanças. Alguns desses níveis intermediários de crenças inconscientes são trabalhados na psicoterapia (como o critério do "pai internalizado"). Essa zona intermediária contém crenças sobre a essência de autoridade (por exemplo, se devo confiar na minha própria experiência ou aceitar a interpretação de alguma autoridade externa). No mais profundo âmago do sistema de crenças existem pressupostos inconscientes básicos sobre a natureza do eu e da sua relação com os outros, e sobre a natureza do universo. Uma pessoa pode tipicamente viver toda a vida com essas crenças básicas, imutáveis na sua essência. Quando mudam, é provável que a mudança seja acompanhada de um período bastante estressante.

Os sistemas de crenças favorecem dois conjuntos de motivos ao mesmo tempo poderosos e conflitantes. Um consiste na necessidade de uma estrutura cognitiva apta a interpretar a nova experiência – conhecer, entender e agir com sensibilidade. O outro consiste na necessidade de rechaçar os aspectos ameaçadores da realidade. Nossos sistemas de crenças equivalem ao nosso modo de extrair algum sentido da experiência bruta. No entanto, podemos distorcê-la, se necessário, para preservar uma ilusão de ordem – como, por exemplo, quando "esquecemos" um incidente que "não se encaixa" no nosso sistema de crenças. (A repressão de antigas lembranças da infância ligadas a experiências traumáticas é um exemplo comum.)

Um sistema de crenças pode ser definido como *aberto* na medida em que novos dados possam entrar e influenciar crenças já existentes. A pessoa estará aberta à informação até quanto for possível, mas irá inconscientemente rejeitá-la, selecioná-la ou alterá-la o quanto for preciso para afastar ameaças e ansiedades. A mente fechada pode distorcer o mundo e reduzi-lo a uma dimensão qualquer necessária a servir a essas metas de proteção, e ainda a preservar a ilusão de entendê-lo. Quanto mais fechado for o sistema de crenças, mais poderá ser entendido como uma malha de defesas cognitivas, firmemente tecida, voltada a escudar uma mente vulnerável contra a ansiedade.

Como acabamos de expor, não só acreditamos inconscientemente, como escolhemos inconscientemente. Isto se vê com especial nitidez no caso da percepção subliminar. De acordo com esse bem conhecido fenômeno, uma imagem é projetada numa tela durante um intervalo muito curto – tão curto que a pessoa não chega a ter a consciência exata de ter visto alguma coisa. Entretanto, uma reação fisiológica (como a alteração na condutividade elétrica da pele indicando um efeito emocional, ou o potencial energético relacionado com um fato, agindo sobre o cérebro e acusando surpresa) ou uma reação psicológica (por exemplo, influenciada por livre-associação) podem tornar patente que, num nível inconsciente, a pessoa de fato percebeu a imagem, analisou-lhe o sentido e "escolheu" uma resposta apropriada.

Não precisamos, claro, ir a um laboratório para encontrar um exemplo. A escolha inconsciente é visível na vida de cada dia. Por exemplo, posso optar conscientemente por executar uma determinada ação que contradiz uma crença inconsciente (talvez implantada muito cedo, durante a infância) de que essa ação seja *má*. Então, como resultado de uma escolha inconsciente, um sentimento é telegrafado à mente consciente – um sentimento a que chamamos de *culpa*. Ainda, de outra parte da mente – a da intuição profunda – pode emanar uma outra escolha: a de harmonizar o conflito a fim de se livrar dos complexos de culpa.

Este não é senão um exemplo de uma observação mais genérica, que se resume no fato de que o indivíduo típico é psicologicamente fragmentado. Enquanto a mente consciente procede a uma série de escolhas, outros fragmentos da mente, à parte da percepção consciente, escolhem outras coisas. (Um termo um tanto quanto antiquado descreve a pessoa que mais ou menos integrou esses vários fragmentos num todo, capaz de uma decisão livre de conflitos, como uma pessoa *íntegra*.)

Poucas descobertas no campo das ciências sociais são tão indiscutíveis como a de que a maior parte de toda a nossa atividade mental ocorre à revelia da nossa percepção consciente. Nós acreditamos, valorizamos, escolhemos e sabemos tanto inconsciente como conscientemente. Além disso, nossas percepções, valores, atitudes e comportamentos são influenciados muito mais pelo que está se processando na mente inconsciente do que pelo que é facilmente acessível à mente consciente. Embora, em nossos dias, esse fato seja quase de domínio público, de um modo geral nós vivemos, pensamos e nos comportamos sem levar a sério suas muitas implicações. (Pense, por exemplo, em como a educação seria encarada de modo diferente se esse fato fosse considerado com seriedade.)

A forma pela qual percebemos a realidade é fortemente influenciada por crenças adquiridas inconscientemente. Os fenômenos de recusa e de resistência na psicoterapia ilustram a intensidade com que tendemos a não ver coisas que ameaçam imagens profundamente enraizadas, conflitantes com crenças bastante conservadoras. Pesquisas sobre hipnose, auto-expectativa e expectativa por parte do pesquisador, autoritarismo e preconceito, percepção subliminar e atenção seletiva, demonstraram reiteradamente que nossas percepções e "verificações da realidade" são influenciadas, muito mais do que geralmente se acredita, por crenças, atitudes e outros processos mentais, sem o que grande parte desses processos é inconsciente. Percebemos o que esperamos, o que nos foi sugerido que devêssemos perceber, o que "precisamos" perceber – a tal ponto que poderíamos ficar chocados se o percebêssemos conscientemente.

Essa influência das crenças sobre a percepção se intensifica quando um grande número de pessoas acredita na mesma coisa. Os antropologistas culturais documentaram em detalhe de que modo pessoas que crescem dentro de culturas diferentes percebem com clareza realidades diferentes.

A lição da hipnose

Os fenômenos da hipnose, em particular, enfatizam dramaticamente como mudanças nas crenças inconscientes, realizadas neste caso por via da sugestão, podem alterar a percepção e a sensação. A sugestão do hipnotizador, por exemplo, pode levar o sujeito a perceber um objeto ou uma pessoa que, na visão de qualquer outro observador, se encontram ausentes, ou então o sujeito pode ser induzido a não perceber algo que *esteja* presente.

A sugestão de uma parede sólida pode se tornar tão real para o sujeito que seu pulso se fere ao "golpeá-la"; a sugestão de que um lápis seja um ferro quente de soldar provoca, quando colocado na palma da mão, o aparecimento de sinais evidentes de queimadura. A aceitação da sugestão hipnótica de que não podemos erguer objetos leves acarreta uma total inaptidão para fazê-lo. Por outro lado, uma sugestão mais positiva pode levar o corpo a realizar proezas que, de outra maneira, não realizaria – formar uma ponte rígida entre duas cadeiras, por exemplo, ou levantar um pesado volume.

Para reforçar esse ponto, uma das experiências mais persuasivas e, no entanto, das mais facilmente acessíveis, são as reuniões realizadas para se andar sobre brasas. Desde que, em princípios de 1980, esses encontros foram introduzidos nos Estados Unidos e na Europa, milhares de pessoas realizaram essa proeza que desafia todas as expectativas correntes sobre os efeitos acarretados pelo fato de a carne entrar em contato direto com o fogo. Essa experiência consiste, basicamente, em se espalhar uma camada uniforme e plana de carvão em brasa, retirada de uma fogueira, sobre a qual os participantes andam descalços, tendo antes interiorizado a sugestão de que nenhum dano lhes sobrevirá. Esses encontros eram realizados com grupos que variavam de poucas pessoas a muitas centenas delas. Não era raro acontecer que todas andassem sobre as brasas e que saíssem praticamente ilesas. E, no entanto, os carvões estavam quentes (de 1200 a 1400° Fahrenheit), o bastante para queimar as plantas dos pés se não houvesse a crença protetora. Céticos têm aventado que existe para isso uma explicação "física", como baixa condutividade calórica do carvão, cama isolante de cinzas, ou o "efeito *leidenfrost*"* (uma fina camada sudorífera que se evapora). Mas, qualquer que seja o mecanismo atuante, permanece o fato de que, quando as pessoas alteram sua crença inconsciente de que o carvão em brasa queima os pés, estarão livres de sofrer queimaduras; se voltarem a acreditar no contrário, sofrerão graves queimaduras de terceiro grau. A experiência é convincente porque qualquer pessoa que duvide pode passar por ela, mudando sua crença e sofrendo os conseqüentes resultados dolorosos.

A conclusão a que queremos chegar não depende do menor indício de prova; portanto, não há necessidade de nos esforçarmos para esgotar o fenômeno de caminhar sobre o fogo. (Alguns céticos têm insistido em que não é necessário acreditar que o fogo não vá queimar; é suficiente acreditar, com firmeza, que não há necessidade de acreditar! As "explicações" inspiradas, que aparecem com regularidade na mídia e na literatura científica, assemelham-se muito ao processo de acrescentar epiciclos ao modelo ptolomaico: confortam o expositor, mas pouco acrescentam ao verdadeiro entendimento.) O fato fundamental, imperioso e eficiente em suas implicações, é o de que o nosso modo de experimentar a realidade é fortemente afetado por nossas crenças arraigadas. Nossas crenças, por sua vez, são afetadas pela forma de experimentar o que percebemos como realidade – o que, na maioria das vezes, reforça as crenças. Quando não, sentimo-nos em geral muito pouco à vontade – mas poderíamos estar em vias de aprender algo de valor inestimável.

Pois bem, cada um de nós, a partir da infância, está sujeito a uma complexa série de sugestões advindas do meio social que, com efeito, nos ensinam a perceber o mundo. Podemos, de tempos em tempos, sobretudo na primeira parte da nossa infância, passar por experiências que não estejam em conformidade com essa norma cultural – mas, eventualmente, "corrigimos" essas percepções e deixamos de sofrer as anomalias, graças ao poder do processo socializador. E, sendo assim, cada um de nós é literalmente *hipnotizado* desde a infância para perceber o mundo da maneira pela qual as pessoas da nossa cultura o percebem.

* Em alemão, no original. Literalmente, "suspensão da dor" (N.T.).

No mundo moderno, essa "hipnose cultural" incorpora a experiência de uma época em que "as leis científicas" são sempre obedecidas – ao passo que em outras culturas mais "primitivas", as "violações" dessas leis são fatos relativamente comuns. Por exemplo, o fenômeno apenas mencionado de mudar as crenças interiores a tal ponto que se possa, ileso, andar descalço sobre carvões em brasa, é um fenômeno que tem sido observado em diversas sociedades pré-modernas. Em alguns casos, as pessoas permaneciam de pé sobre o fogo durante meia hora ou mais, ou derramavam, com a ajuda de uma concha, quantidades de carvão em brasa sobre suas cabeças, numa chuva incandescente.

Em algumas sociedades "primitivas", a percepção a distância (como, por exemplo, o paradeiro do gado extraviado ou o bem-estar de parentes distantes) é usada com regularidade. Na sociedade moderna, o fenômeno da "visão a distância" era em geral encarado como fisicamente impossível. Como seria possível que alguém "visse" o que estava acontecendo a uma distância de, talvez, centenas ou milhares de quilômetros? No entanto, em épocas recentes, à medida que crescia o interesse pela possível utilização desse fenômeno para fins de inteligência militar, pesquisas foram feitas com resultados positivos, tanto na ex-União Soviética como nos Estados Unidos.

Informações vindas do subcontinente indiano a respeito da extraordinária capacidade dos iogues de controlar mentalmente processos corporais, eram tratadas com ceticismo, até que o advento do treinamento *biofeedback* mostrou que todos nós temos, em potencial, a capacidade de controlar ondas cerebrais, o fluxo sangüíneo, as batidas cardíacas e funções semelhantes, em grau maior do que até então havia sido admitido.

Estes vários exemplos ressaltam a dificuldade que temos em reconhecer o quanto a "realidade" que percebemos é peculiar à nossa hipnose cultural. Tendemos a achar curioso o fato de que outras culturas "tradicionais" ou "primitivas" percebam a realidade da forma pela qual o fazem – tão obviamente discrepante do ponto de vista global da ciência moderna. É muito penoso alimentar o pensamento de que nós, na moderna sociedade ocidental, podemos ter nossas próprias peculiaridades culturais quanto ao modo de perceber o mundo, e de que a nossa realidade possa ser tão intrinsecamente provinciana quanto a da Idade Média nos parece hoje. Uma vez que a ciência ocidental é o "melhor" sistema já concebido de saber, parece razoável que consideremos nossos valores "normais", nossas preferências "naturais" e o nosso mundo percebido e medido, "real".

Começamos agora a compreender que comparar nossos tempos com a revolução copernicana não é tão descabido como pode ter parecido a princípio. No início do século XVII, não constituía uma questão muito agradável para um indivíduo permitir a entrada, em seu sistema pessoal de crenças, de dados que desafiassem opiniões tradicionais – mesmo admitindo que essas certezas apresentavam umas poucas dificuldades que teriam de ser solucionadas. Era difícil "enxergar" uma informação desafiadora pelo simples fato de que o velho sistema de crenças apresentava uma visão coerente do mundo, que *funcionava*. Igualmente, não é muito fácil para alguns de nós, na última etapa do século XX, reconhecer a natureza provinciana do nosso sistema geral de crenças (mesmo que ele pareça ter-se baseado na melhor ciência disponível). É difícil para nós "enxergar" evidências que não se "encaixam" no nosso sistema, sugerindo que o ponto de vista convencional do mundo possa estar atravessando uma fase de mudança fundamental. Apesar do nosso desalento, é imprescindível que consideremos essa possibilidade.

2

Recentes progressos conceituais nas ciências que tratam da relação mente-cérebro, rejeitando o reducionismo e o determinismo mecânico, por um lado, e os dualismos, por outro, abriram caminho para uma abordagem racional à teoria e à instituição de valores e para uma fusão natural entre ciência e religião.

– Roger Sperry

Consciência como realidade causal

Pode parecer estranho que a consideração da consciência como "realidade causal" possa constituir-se numa inovação. Acaso não acontece o tempo todo, pergunta-se, que a própria *decisão subjetiva* de agir *faz* com que algo aconteça no mundo objetivo? Claro que a consciência é uma realidade causal, é o que pensamos. Como poderíamos ter alguma vez raciocinado de modo diferente?

A formação da visão universal científica

Precisamos recordar como se concretizou a ciência que conhecemos. A moderna visão universal que começou a tomar corpo no século XVII foi o resultado de uma revolta do que parecia ser o senso comum contra um sistema de idéias que havia se tornado aparentemente contraditório. Foi uma declaração de fé nos sentidos, em oposição à mente especulativa, e no mundo visível, em oposição ao invisível. Enfatizava-se o empirismo (como uma reação contra a autoridade da Escolástica) e o reducionismo (como uma explicação melhor do que a das "forças espirituais" medievais).

Existiam também amplas razões para separar o objetivo, que pode ser visto por todos, do subjetivo, que é divisado no recesso de nossas mentes. Havia boas razões para essa fixação no objetivo – uma era, simplesmente, que um progresso mais rápido seria alcançado; mas outra, igualmente válida, era a de se evitar um conflito territorial com as instituições religiosas. Os cientistas da época podiam, então, explorar de novo áreas como a astronomia, a mecânica e a anatomia, sem entrar muito diretamente em confronto com os dogmas religiosos em voga, mas aventurar-se nos domínios da mente humana (lidar com questões de propósitos humanos de caráter pessoal, de destino e de vontade) era mais temerário.

Tentar investigar a mente e o espírito era também considerado inadequado pelo próprio cientista. Muitos cientistas (a começar por Descartes, ele mesmo um homem profundamente religioso) reconheciam a restrita possibilidade da aplicação do novo enfoque. Eles adotaram uma linha de demarcação entre as áreas de experiência humana peculiares ao método científico (devido ao seu caráter essencialmente mecânico e impessoal) e as outras áreas.

Dessa forma, os cientistas se sentiam livres para se dedicarem ao seu novo estudo, desembaraçados do peso das razões últimas da existência, deixando isso para os teólogos, os filósofos e os poetas. Essa divisão de setores proporcionou-lhes uma relativa liberdade no campo das descobertas físicas. Ergueu também uma barreira respeitada, atrás da qual eles podiam prosseguir convenientemente em suas pesquisas, livres das restrições da própria consciência e/ou da censura política e religiosa.

Novamente sentimos necessidade de esclarecer o corolário de que o século XVII representou um brusco divisor de águas, quando a história e a evolução social não se mostram tão primorosamente arrumadas, nem se desenvolvem de maneira tão linear. Parece que durante o florescimento da Idade Média, pelos séculos XII e XIII, ocorreu não só uma concentração nas coisas do espírito e do além, como também um vivo interesse por questões econômicas, políticas e sociais que diziam respeito à vida na Terra. Em princípios do século XIII, houve um florescimento de invenções na Europa Ocidental, trazendo a lume aperfeiçoamentos de importância decisiva, como o machado de ferro, o arado, o cabresto, a ferradura e o estribo, o moinho de vento e a roda d'água, além de numerosas técnicas artesanais. Por alguma razão, o ímpeto tecnológico decresceu nos séculos XIV e XV e só tomou novo impulso nos séculos XVII e XVIII – período que hoje reputamos como o início da revolução industrial e da moderna ética trabalhista. Assim, embora o momento e a forma da revolução científica fossem, na verdade, moldados pela evolução de uma sociedade mais liberal e abrangente, a interação entre ambos foi complexa.

Por volta do século XIX, a ciência já havia expandido suas fronteiras para abarcar novas áreas de investigação, ao mesmo tempo que fazia cada vez mais reivindicações exclusivas em prol do cognitivo. O científico equiparava-se ao confiadamente mensurável, excluindo uma vasta esfera de interesses humanos, agora descartados como "subjetivos" ou "metafísicos".

Quanto a esse aspecto, a história da ciência se parece, de certo modo, com a bem conhecida história do bêbado que havia perdido a chave de sua casa na parte não iluminada da rua e a estava procurando sob o poste de luz da esquina, porque "a luz lá era melhor". Por motivos bem compreensíveis, nos séculos passados, a nova pesquisa da verdade, chamada ciência empírica, concentrava-se "onde a luz fosse melhor" – em torno da exploração de aspectos quantitativamente mensuráveis, ignorando problemas ligados à mente e ao espírito do homem, vitais para as ciências e para as religiões. E como a ciência estivesse adquirindo um tremendo prestígio, surgiu a implicação de que não *havia* mais nada a dizer. (É como se o pesquisador acima referido tivesse chegado eventualmente à conclusão de que não existia de fato nenhuma outra parte da rua senão aquela área iluminada pelo poste de luz.)

Todo sistema de conhecimento é moldado pelas características da sociedade que o erige. Estamos acostumados a considerar o fluxo na direção contrária, a ver como os avanços tecnológicos e científicos moldaram a sociedade moderna. É, porém, de fundamental importância admitir ambos os fluxos. O tipo de sociedade que temos deve-se em parte aos frutos da ciência e da tecnologia; mas o inverso também é verdadeiro: o tipo de ciência que temos deve-se em parte à natureza particular da sociedade em que ela se desenvolveu.

Sendo assim, uma forma de encarar a revolução científica é através de uma mudança no tipo de conhecimento que era valorizado pela sociedade. A sociedade medieval não estava profundamente interessada em tecnologia. Uma nova dinâmica introduziu-se com os fatos inter-relacionados que chamamos de Reforma – a ascensão do capitalismo e a revolução científica. A mudança no sistema de crenças subjacentes incluiu uma ênfase crescente na manipulação do meio físico, através da tecnologia. Esta, por sua vez, demandava uma avaliação desse conhecimento, quanto ao que ele tinha de aproveitável para o desenvolvimento da tecnologia – a saber, conhecimento que possibilitasse controle e previsão. Cada vez mais, durante os primeiros dois terços do século XX, o conhecimento científico e o ''método científico'' foram identificados com o conhecimento de controle e previsão. Pouco se notou que outras civilizações (como a Grécia antiga, a Índia e a Europa medieval) haviam valorizado outro tipo de sabedoria, válida para outros fins que não a conquista tecnológica da natureza.

Outro exemplo dessa moldagem da ciência pela sociedade é visto na forma atual de apoio e de doação de fundos. Nos Estados Unidos, hoje, os fundos que o governo reserva à pesquisa científica são uma questão de política, e quase que totalmente dedicados à busca de conhecimentos que: a) irão ajudar a economia; b) contribuirão para o desenvolvimento tecnológico-militar; e c) intensificarão a alta tecnologia médica. Outras fontes de doação, como as fundações, estão também bastante inclinadas nessa direção.

Em geral, qualquer sociedade considera certas questões como sendo algo de grande interesse (tais como: O que o conhecimento aditará à capacidade tecnológica?), ou outras de menor interesse (como: Que tipos de investigações subjetivas levam a um sentido de profundo significado e propósito na vida?). Portanto, o *sistema de conhecimento de toda sociedade é provinciano* – mesmo o da ciência moderna.

Além disso, todo sistema duradouro de conhecimento se sai bem no teste ao qual é submetido. Isto é, a experiência humana tende a confirmá-lo ou ele não manteria a posição de domínio que mantém. Existem, pois, culturas nas quais tudo que existe na natureza está vivo e em comunicação com os seres vivos, e existem culturas em que as estações, as colheitas e a caça são manipuladas por determinados deuses. Qualquer que seja o sistema de crenças de uma dada cultura, ele *funciona:* foi submetido a testes e, conclusão, a realidade foi percebida de acordo com o sistema de crenças.

Parte do problema que existe com o moderno ponto de vista científico mundial é que ele não tem atuado numa área crítica da vida social e individual – aquela que consiste em selecionar e implementar compromissos fundamentais de valor. Como Roger Sperry ressaltou em seu artigo decisivo sobre ''As Mudanças Prioritárias'':

> Crenças referentes à finalidade e sentido últimos da vida, e às conseqüentes perspectivas do ponto de vista universal – que mode-

lam essas crenças com o que é certo e com o que é errado –, são censuravelmente dependentes, diretamente ou por implicação, de conceitos que se referem ao eu consciente e à relação mente-cérebro, e aos tipos de objetivos de vida e de visão cósmica que proporcionam. Direta ou indiretamente, os valores sociais dependem de acreditarmos ser a consciência mortal, imortal, passível de reencarnação ou cósmica... localizada e vinculada ao cérebro ou essencialmente universal... Recentes avanços conceituais nas ciências que tratam da relação mente-cérebro, rejeitando o reducionismo e o determinismo mecânico por um lado, e o dualismo, por outro, abriram o caminho para uma abordagem racional à teoria e à instituição de valores e para uma fusão natural entre ciência e religião.

Dessa forma, o desprezo ocidental pelo campo da experiência subjetiva provocou sérias conseqüências na nossa confusão sobre valores, pois é, em última análise, nessa esfera do subjetivo, do transcendente e do espiritual que todas as civilizações encontraram as bases que alicerçaram seus mais profundos compromissos de valor e senso de propósito.

Pressupostos tácitos da ciência convencional

É humilhante para o ocidental culto verificar que, numa extensão indeterminável, a ciência, assim como o sistema tradicional de crenças das culturas "primitivas", descreve um mundo que é formado por idéias preconcebidas. Para ilustrar isto, consideremos o seguinte grupo de dez premissas que, se fossem encontradas em um livro há algumas décadas, muito dificilmente suscitariam problemas:

Um grupo racional de premissas voltadas para a era científica

1 – Os únicos meios concebíveis através dos quais podemos chegar ao conhecimento são os sentidos e, talvez, algum tipo de transmissão de informação através dos genes. A única maneira pela qual podemos ampliar a nossa compreensão da natureza do universo é pela ciência empírica – isto é, pela exploração do

mundo mensurável por meio de instrumentos que ampliem nossos sentidos físicos;

2 – Todas as propriedades qualitativas (pelo menos as que podemos citar cientificamente) são, em última análise, redutíveis a quantitativas (por exemplo, a cor é redutível a comprimentos de onda; o pensamento, a ondas cerebrais mensuráveis; o amor e o ódio à composição química das secreções glandulares);

3 – Existe uma nítida fronteira entre o mundo objetivo, que pode ser percebido por qualquer pessoa, e a experiência subjetiva, que é percebida apenas pelo sujeito no recôndito da sua mente. O conhecimento científico está associado ao primeiro; a segunda pode ser importante para o indivíduo, mas sua análise não leva ao mesmo tipo de conhecimento objetivamente verificável;

4 – O conceito de livre-arbítrio é uma tentativa pré-científica para explicar o comportamento que a análise científica revela como resultado de uma combinação de forças atuando sobre o indivíduo de fora para dentro, junto com pressões e tensões internas que agem sobre o organismo;

5 – O que conhecemos como consciência ou percepção de nossos pensamentos e sentimentos não passa de um fenômeno secundário emergente de processos físico-bioquímicos que ocorrem no cérebro;

6 – O que conhecemos como memória consiste estritamente numa questão de dados armazenados no sistema nervoso central, de certa forma análoga ao armazenamento de informações em um computador digital;

7 – Sendo a natureza do tempo o que é, não existe obviamente uma forma pela qual possamos obter conhecimentos de fatos futuros, senão por meio da previsão racional, partindo de causas conhecidas e de regularidades passadas;

8 – Considerando que a atividade mental é constituída simplesmente de estados dinamicamente variáveis que ocorrem no organismo físico (primeiro no cérebro), é completamente impossível a essa atividade mental exercer qualquer efeito direto sobre o mundo físico, a não ser através do organismo;

9 – A evolução do universo e do homem realizou-se por meio de causas físicas (como mutação causal, seleção natural) e não existe justificativa para qualquer conceito de propósito universal nessa evolução, no desenvolvimento da consciência ou nos esforços do indivíduo;

10 – A consciência individual não sobrevive à morte do organismo; ou, se existe uma razão importante qualquer pela qual a consciência individual persiste após a morte do corpo físico, não a podemos compreender nesta vida nem, de qualquer forma, obter informações a respeito.

Manuseando a literatura filosófica e científica da primeira parte do século, podemos deparar com infindáveis declarações que confirmam que as premissas acima não constituem um exagero das suposições tipicamente observadas. Por exemplo:

A química e a física respondem por muito do que a célula faz e por muito do que há anos, na época, não podia ser solucionado pela ciência física, de forma que é justo supor que o ainda inexplicado resíduo do comportamento da célula (e, portanto, do homem) provará que pode ser resolvido pela química e pela física.
– Sir Charles S. Sherrington, fisiologista

A hipótese de que o homem não é livre é essencial à aplicação do método científico ao estudo do comportamento humano. O homem, subjetivamente livre, considerado responsável pelo comportamento do organismo biológico externo, representa apenas um substituto pré-científico para os tipos de causas que são descobertas no curso da análise científica... A ciência insiste em que a ação tem início devido à ação de forças atuantes sobre o indivíduo e que [a liberdade] é apenas outro nome dado ao comportamento para o qual não descobrimos ainda uma causa.

– B. F. Skinner, psicólogo

Que o homem seja o resultado de causas que não tinham nenhuma previsão do fim a que se propunham; que sua origem, seu crescimento, suas esperanças e temores, suas paixões e convicções não passem de uma conseqüência do arranjo acidental de átomos; que nem o ardor, nem o heroísmo, nem a intensidade de pensamento e de sentimento possam assegurar uma vida individual além da morte; que todo o trabalho de anos, toda a devoção, toda a inspiração, todo o brilho esfuziante do gênio humano estejam destinados à extinção no vasto campo do sistema solar e que o inteiro templo das conquistas do Homem venha inevitavelmente a ser soterrado sob os escombros de um universo em ruínas – todas essas coisas, se não estiverem fora de contestação, estão contudo tão próximas da verdade que nenhuma filosofia que as rejeite pode esperar subsistir.

– Bertrand Russell, filósofo

Na ciência, precisamos agir como se a teoria mecânica da vida fosse verdadeira, não estando, porém, de forma alguma, presos a ela como uma afirmação metafisicamente válida... O progresso científico só pode ser alcançado por aqueles que fazem experiências como se o mecanismo fosse verdadeiro.

– Joseph Needham, biólogo

A criança deriva sua identidade de um meio social. O meio social permanece, até sua morte, como a única fonte de comprovação dessa identidade... A notável convergência dos pensadores do século XX... reside na elaboração da idéia de que a intenção humana é arbitrária... O mundo da aspiração humana é fundamentalmente fictício. Se não entendermos isso, não entendemos nada a respeito do homem.

– Ernest Becker, filósofo

Por outro lado, os dez pressupostos há pouco listados pareceriam completamente estranhos a qualquer outra cultura que não fosse a moderna cultura ocidental. Além disso existe, em relatos anedóticos e na pesquisa sobre a consciência e suas capacidades excepcionais, uma quantidade impressionante de provas que parecem contradizer cada uma das premissas enumeradas.

No entanto, foi essencialmente com base nessas premissas que a cada vez mais prestigiosa perspectiva científica universal pôde, no passado, preterir, como de importância secundária, as experiências intuitivas, espirituais e estéticas da humanidade, e assim desacreditar sistemas de valores baseados nessas experiências subjetivas.

Entretanto, como tivemos oportunidade de ver, está bem firmado, a partir de pesquisas no campo de hipnose e de outras áreas da psicologia experimental que, uma vez tendo a pessoa um quadro internalizado da realidade, as experiências posteriores tenderão a confirmar esse quadro. A realidade é vivida de acordo com esse quadro firmado, algumas vezes à custa de séria distorção da percepção e de uma racionalização elaborada para manter tudo interligado. Por exemplo, foi repetidamente demonstrado que uma pessoa hipnotizada não só vê a realidade de acordo com as sugestões internalizadas, como tem explicações aparentemente muito lógicas quanto ao porquê da realidade ser "realmente" assim. Pesquisas sobre autoritarismo e preconceito revelam claramente que as pessoas de uma certa origem étnica tendem a ser consideradas como portadoras das características próprias desse grupo étnico. O antropólogo polonês Bronislaw Malinowski observou que os ilhéus de Trobriand, que acreditavam serem todas as características herdadas do pai, em regra deixavam de enxergar as semelhanças da criança com os membros da família materna. Relatos anedóticos da psicoterapia fornecem exemplos incontáveis de pacientes racionalizando seu comportamento obsessivo-compulsivo.

Assim, para novamente sumarizar, compreendemos a tão importante relação dual entre o mundo experienciado e a ciência que está sendo desenvolvida. A sabedoria científica adquirida influencia a maneira de percebermos o mundo. Porém, a maneira pela qual o mundo é experimentado numa dada cultura exerce influência sobre o tipo de ciência que essa sociedade vai desenvolver.

Escolha a sua metafísica

Que o modo básico de uma sociedade experimentar a realidade molde sua respectiva ciência, e vice-versa, pode constituir uma idéia profundamente perturbadora se analisarmos as suas implicações. Nós, que fomos educados no seio da sociedade moderna, admitimos naturalmente que nossa perspectiva científica da realidade está essencialmente correta, e que outros pontos de vista "pré-científicos" ou "primitivos" estão errados. Temos, no entanto, que considerar a possibilidade de que alguns desses pontos de vista são encarados através de outros prismas culturais e enfatizam outros aspectos e toda a experiência humana; não só não são tão errados como são complementares. Existe também a possibilidade de que algum tipo de perspectiva "transmoderna" possa, no futuro, vir a ser bem diferente da nossa – e igualmente certa.

Embora a muitos isso possa afigurar-se improvável, parece que estamos passando por outra mudança igualmente profunda. De novo, no âmago dessa mudança existe um desafio ao sistema prevalecente de conhecimentos entronizados. Até o momento, são escassos os sinais para esta imensa mudança. Podemos convidar o leitor para observar o padrão – não podemos afirmar que ele seja demonstrável.

Simplificando ao máximo, com vista a um mais claro entendimento, pensemos em termos de três diferentes tipos de metafísica implícita:

• **M-1.** Neste primeiro tipo, a substância básica do universo consiste em matéria-energia. Aprendemos sobre a realidade ao estudarmos o mundo mensurável. (A posição positivista é a de que é esta a única forma de se aprender.) Qualquer consciência que exista, nasce da matéria (isto é, do cérebro), a partir do momento em que o processo evolutivo tenha ido suficientemente longe. O que possamos aprender sobre consciência precisa, em última análise, harmonizar-se com o tipo de conhecimento que adquirimos a partir do estudo do cérebro físico, pois a consciência apartada de um organismo físico vivo, não só é desconhecida, como é inconcebível.

• **M-2.** Uma metafísica alternativa é dualista. Existem dois tipos fundamentalmente diferentes de substância básica no universo: matéria-energia e mente-espírito. A substância matéria-energia é estudada com os atuais instrumentos da ciência; a substância mente-espírito precisa ser investigada de outras maneiras mais apropriadas a ela (como análise subjetiva, introspectiva). Sendo assim, desenvolvem-se, em essência, duas linhas complementares de conhecimento; existem, presumivelmente, áreas de superposição (como o campo dos fenômenos psíquicos).

• **M-3.** A terceira metafísica, contudo, considera a consciência como a substância básica do universo. A mente ou consciência é primordial, e a matéria-energia nasce, de certa forma, da mente. O mundo físico está para a mente mais desenvolvida como a imagem de um sonho para a mente individual. Em última análise, a realidade por trás do mundo fenomenológico é detectada, não através dos sentidos físicos, mas por meio da intuição profunda. A consciência não é o produto final da evolução material; pelo contrário, a consciência chegou primeiro!

Estas três perspectivas básicas vêm sumariadas no seguinte quadro:

TRÊS PERSPECTIVAS METAFÍSICAS

• M-1 MONISMO MATERIALISTA
(A matéria dando origem à mente)

• M-2 DUALISMO
(Matéria mais mente)

• M-3 MONISMO TRANSCENDENTAL
(A mente dando origem à matéria)

A mudança fundamental que sugerimos que está acontecendo na sociedade ocidental pode ser expressa em termos dessas metafísicas. Constitui-se essencialmente de uma mudança na metafísica dominante de M-1 para M-3. Num primeiro momento esta proposição pode parecer tão chocante quanto o universo heliocêntrico o foi para muitos na Europa, em princípios do século XVII. A metafísica M-3 parece bem estranha à mente ocidental, ou certamente o seria há uma geração atrás. (Não é absolutamente tão estranha como o era há um quarto de século, se julgarmos a partir do claro e crescente interesse pelas religiões filosóficas orientais; pelas compras de livros ligados a algum tipo de tema transcendental; pelo aparecimento de

53

conceitos "metafísicos" e transcendentais orientais, como reencarnação, carma, experiências terminais completamente modificadoras da vida em temas cinematográficos ou em alusões; pela participação em práticas de meditação, grupos de trabalho e seminários; pelo interesse cada vez mais difundido no fenômeno da "canalização" e por outros indícios.)

Embora Descartes tenha postulado um universo dualista, por volta do século XX a ciência estava mais firmemente inclinada a uma metafísica M-1. Mais ou menos no decorrer da última década, alguns cientistas, reconhecendo que a extremada posição positivista simplesmente não se enquadrava na experiência humana, escreveram e discorreram sobre a necessidade de reestruturar a ciência em termos de uma metafísica M-2. (Sir John Eccles, prêmio Nobel, é um exemplo.) Sem fazer alarde, vários cientistas descobriram que, quando levam em consideração sua experiência como um todo, a metafísica M-3 é a mais apropriada, além de parecer estar implícita na esotérica "sabedoria perene" das tradições espiritualistas do mundo. Por enquanto, essa posição mostra-se muito distante do quadro do mundo que emerge de nossas várias ciências. (Entretanto, a longo prazo, pode muito bem ser aí que a ciência termina – este, porém, é um tópico a ser desenvolvido mais plenamente em outro capítulo.)

A tricotomia acima, com a discussão que se seguiu, está de certo modo deliberadamente supersimplificada pelo bem da clareza. Uma série de variações dessas três perspectivas metafísicas são preferidas por um ou outro filósofo ou cientista. Por exemplo, Roger Sperry adota uma posição a que denomina *mentalismo*, que poderíamos qualificar como M-1a. O conceito mentalista assume ser a mente (isto é, os fenômenos mentais) emergente de evolução física cerebral, e não, de modo algum, anterior ao desenvolvimento de um circuito neural bastante complexo. Este, uma vez presente, possibilita um tipo de "causalidade descendente" (estado subjetivo mental afetando fenômenos fisiológicos, por exemplo), o que deve ser contrastado com a "causalidade ascendente", aceita integralmente pela maioria das ciências (por exemplo, alterações químicas no corpo, provocando um estado subjetivo). Outra posição, que poderíamos designar M-1b, é chamada de *panpsiquismo* e muito discutida na linha de pensamento "pós-moderna". É a suposição de que, além das propriedades fisicamente observáveis na matéria, sempre existiu nela um "aspecto interior" que se assemelha à mente.

Devemos reconhecer que, embora a ciência em seu estágio atual tenha evolvido dentro de uma *weltanschauung* [concepção] da M-1, ela é perfeitamente compatível com a metafísica M-2 ou com a M-3. É compatível mas, de acordo com essas perspectivas, considerada como inerentemente incompleta em termos de visão do universo.

É ainda mais fundamental a importância de reconhecer que não nos propomos a *provar* a validade de uma metafísica. A realidade é por demais rica para ser adequadamente aprisionada em qualquer conceituação da mesma – literalmente, qualquer conceituação. Somos capazes de, potencialmente, entender aspectos da realidade jamais expressos adequadamente numa precisa forma verbal. Então, não será acaso válido indagar qual dessas três metafísicas é a *verdadeira?* *É* válido perguntar: Qual delas parece adequar-se melhor à *totalidade* da experiência humana?

A predominância plausível da M-3

Trata-se, na verdade, de uma declaração ousada a que estamos fazendo, isto é, a de que o domínio da metafísica M-1 está em declínio e de que a metafísica M-3 está a caminho de se converter na metafísica predominante, não só nesta sociedade, mas também em quase todo o mundo. O fato de que nenhuma mudança fundamental tenha ocorrido na sociedade ocidental desde a revolução copernicana, há quase quatro séculos, sugere a propriedade da frase "segunda revolução copernicana". Enquanto a revolução copernicana original reordenara nossos conceitos de espaço exterior, a segunda revolução está interessada na nossa compreensão do espaço *interior*.

Em primeiro lugar, devemos notar que a orientação da M-3 não é absolutamente nova na história da humanidade. Como mostraremos mais detalhadamente no capítulo 4, durante milhares de anos ela tem feito parte de um círculo fechado de conhecimentos, esotérico, ou *gnosis*, na maioria das tradições espirituais do mundo. Assim também o conceito de uma hipnose cultural, embora no conteúdo específico seja diferente de uma cultura para outra, tenderá, porém, a ocultar uma sabedoria interior, análoga à que denominamos M-3. Através de toda a história cultural ocidental (e oriental) tem existido uma tradição esotérica que versa sobre a possibilidade de um indivíduo tornar-se "desipnotizado" ou "iluminado". Algumas citações atuarão como lembretes deste fato:

No estado comum de vigília... o homem não vê o mundo real... Ele vive em sonho hipnótico... "Acordar" para o homem significa ser "desipnotizado".

— P. D. Ouspensky, *Em Busca do Miraculoso*

A humanidade está adormecida, preocupada somente com o que é inútil, vivendo em um mundo de equívocos.

— Sanai do Afganistão, a.D. 1130

Nosso pensamento consciente apresenta todas as características de um sonho... A figuração que ele nos apresenta do mundo é ilusória. Em um estado superior de percepção a consciência é despertada de uma forma não mais exclusiva ou vinculada... Ela se liberta da hipnose usual.

— Hubert Benoit, estudioso do Zen

Não queremos chegar à verdade. Não queremos que ninguém estrague nosso sonho.

— Swami Vivekananda

Então, o que devemos pensar da realidade física? A analogia onírica, já mencionada por alto, é uma bela forma de começar. Quando sonhamos, existe tipicamente "um enredo" – as coisas acontecem e parece haver entre elas algum tipo de relação causal. Enquanto sonhamos, tudo no sonho parece bastante real. Quando acordamos, reconhecemos que o que nos pareceu tão real fora, na verdade, um sonho. A lei da causalidade difere da que parecia existir quando dormíamos. Em sonhos parecia que um fato era a causa de um outro, e assim por diante. Para o Eu desperto é claro que o "eu sonhador" é a causa do sonho – dos fatos, das suas interligações e de tudo o mais.

Agora tente imaginar algo paralelo. No nosso estado comum, o mundo parece real; vários tipos de ocorrência têm lugar e existe entre elas uma aparente relação causal. Algumas dessas relações são, de fato, tão dependentes entre si, que descobrimos "leis científicas" para ilustrá-las (só raramente parece que a mente interfere no mundo físico de forma a ocorrerem fenômenos análogos). Suponhamos, porém, que alguém "acorde" do "sonho" do mundo físico. Fica claro que a lei de causalidade é diferente do que pensávamos (e do que nos ensinaram): o "eu sonhador" (ou o "nós, os sonhadores coletivos'') é a causa dos acontecimentos e das suas relações. A mente inconsciente coletiva/universal é a criadora do mundo que a mente consciente individual conhece.

Esta maneira de enfocar a realidade pode parecer muito estranha à mente erudita ocidental, a ponto de lhe ser difícil considerá-la seriamente. De fato, embora possa parecer mais própria das filosofias orientais, ela está também presente nas tradições ocidentais e, como vimos, não contradiz necessariamente o corrente ponto de vista científico.

Lembre-se: nós aqui não estamos provando que a metafísica M-3 seja *verdadeira*. Estamos apenas tentando entender como certas pessoas – algumas até de formação bem sofisticada – puderam chegar à conclusão de que esta maneira de ver o mundo está mais de acordo com a totalidade da experiência humana do que a visão de mundo reducionista-positivista da ciência.

Quase todo o livro será direcionado ao estudo de algumas das áreas de experiência humana que parecem propor a metafísica M-3 e a investigar suas implicações para com a sociedade se ela realmente vier a predominar.

3

A menos que exista uma gigantesca conspiração envolvendo... cientistas altamente respeitados nas mais variadas áreas, muitos dos quais originalmente hostis às teses dos pesquisadores psíquicos, a única conclusão a que pode chegar um observador insuspeito deve ser a de que existem pessoas que captam conhecimentos que existem na mente de outras pessoas ou no mundo exterior, por meios ainda desconhecidos à ciência.
— H. J. Eysenck

Desafios ao positivismo e ao reducionismo

Existem algumas áreas, como as que exporemos neste capítulo, que não podem ser propriamente estudadas dentro do contexto de uma ciência baseada na metafísica M-1, porque o positivismo e o reducionismo parecem não se enquadrar dentro delas. Não se sabe, absolutamente, o que poderia ser uma ciência futura baseada numa metafísica M-3, mas essa ciência, sem dúvida, controlará essas áreas de forma mais eficiente.

O papel da mente na saúde, na doença e na cura

Vamos começar com os seguintes tópicos: saúde, doença e cura. Uma das características mais maravilhosas do organismo humano consiste na capacidade de proteger e conservar sua saúde. De um modo geral, quando adoecemos, isso se deve a interferências – e o principal agente interveniente é o estado mental.

Cada um de nós depende basicamente de três complexos sistemas corporais, profundamente interligados, para manter seu bem-estar – o sistema nervoso, o sistema de resposta ao *stress* e o sistema imunológico. O sistema nervoso é formado pelo cérebro, pela medula espinhal e pelas ramificações nervosas que se espalham por todas as partes do corpo. Constitui a rede de comunicação e de comando (tanto para as mudanças de ordem interna como externa) e o regulador das respostas internas e externas.

O sistema nervoso apresenta, como subsistemas, o sistema nervoso voluntário e o sistema nervoso vegetativo. Este último tem duas maneiras básicas de operar, denominadas respostas simpáticas e parassimpáticas. A resposta parassimpática corresponde a um estado de repouso, relaxamento, cura, reparo e regeneração física. O alimento é digerido, os músculos se relaxam e reabastecem os suprimentos de energia, os tecidos se recompõem, tudo isso sem a interferência da mente consciente. A resposta simpática, ao contrário, é um modelo de alarme geral, de estímulo e de prontidão para operar fisicamente contra ameaças ou perigos externos que possam afetar o corpo. A resposta simpática (também chamada de reação de ataque e de defesa) é acionada instintivamente (inconscientemente), sem uma orientação consciente. Tem a característica de ser acompanhada ou suscitada por emoções de raiva ou de medo. Sua ação sobre o corpo pode incluir taquicardia e maior força contrátil do coração, aumento na pressão sangüínea e no ritmo respiratório, falta de irrigação sangüínea dos órgãos internos para os músculos, secreção sudorífera, dilatação das pupilas, e outros preparativos para a intensa atividade envolvida no ataque, na defesa ou na fuga.

A resposta do sistema nervoso simpático constitui-se num dos gatilhos do segundo sistema de autoproteção, a resposta ao *stress*. As "ferramentas" do sistema de resposta ao *stress* consistem no hipotálamo, na pituitária, nas supra-renais e outras glândulas, cerca de doze ao todo, que juntas formam o sistema endócrino. (A resposta ao *stress* é apenas uma das funções do sistema endócrino que também desempenha no corpo uma série de funções reguladoras e integradoras.) O sistema de resposta ao *stress* reage a estímulos internos e externos provocadores do *stress*, sendo dotado de uma ampla gama de reações protetoras, regenerativas e autoprotetoras, todas reguladas pela livre circulação das substâncias corporais chamadas hormônios. Por exemplo, uma forte emoção associada à percepção de uma conjuntura ameaçadora à vida faz com que diversas glândulas do sistema endócrino descarreguem hormônios específicos na corrente sangüínea. Isso, por sua vez, aumenta o ritmo e a força de contração do coração e contrai os vasos sangüíneos periféricos, aumentando assim a pressão e a circulação sangüíneas; dilata os bronquíolos, facilitando a respiração; dilata as pupilas, melhorando a visão, e aumenta a capacidade de coagulação do sangue, em caso de um virtual problema. Esses efeitos ajudam a preparar o organismo tanto para o ataque como para a defesa.

62

O terceiro sistema corporal de autoproteção é o imunológico. Esse sistema é bem descentralizado e envolve as células brancas do sangue (leucócitos), o sistema circulatório, o linfático e certas glândulas e áreas específicas. Nele, os protagonistas-chave são cerca de um trilhão (10^{12}) de linfócitos (uma espécie de célula sangüínea branca) e cerca de 100 milhões de trilhões (10^{20}) de moléculas chamadas anticorpos que são produzidas e secretadas pelos linfócitos. Estes compreendem uma espécie de exército interno que localiza e destrói os inimigos e os invasores que irrompem através da pele ou penetram no corpo pelo ar ou com os alimentos. (Se o sistema imunológico deixasse subitamente de funcionar, os micróbios fariam o corpo apodrecer tão rapidamente como quando é submetido a um ambiente de calor após a morte.)

Se ativado, o sistema imunológico envia rapidamente, através da corrente sangüínea e dos condutos internos do sistema linfático, várias células e substâncias protetoras ao local de perigo – uma infecção, um corte, uma célula cancerosa ou um corpo estranho, por exemplo. Grandes quantidades de leucócitos correm a substituir os que possam vir a morrer em combate. Certas células brancas (linfócitos – B) produzem substâncias específicas (anticorpos) que podem atacar e destruir um determinado invasor. (Pelo fato de existirem milhões de tipos diferentes de possíveis invasores, e pelo fato de serem os anticorpos tão específicos no que diz respeito aos corpos estranhos – são produzidos exatamente os tipos de anticorpos para atacar os invasores específicos.) Outros protagonistas do sistema reparam os danos e observam atentamente a possibilidade de novas agressões.

Descobriu-se recentemente que esses três sistemas – o nervoso central, o hormonal e o imunológico – comunicam-se entre si por meio de ''mensageiros moleculares'' chamados neuropeptídios. As ''mensagens'' podem partir de qualquer parte do corpo; parece que as emoções e que a atividade mental estão bem menos centralizadas no cérebro do que se pensava.

A boa saúde depende do esforço constante e coordenado de todos esses três sistemas. Cada um deles pode funcionar perfeitamente bem, sem empenho consciente de nossa parte. Quando um sistema deixa de funcionar bem, adoecemos. O papel da mente na criação da doença tem sido cada vez mais reconhecido, à medida que vão sendo melhor compreendidos o *stress* e as doenças psicossomáticas.

Por exemplo, o *stress* é a nossa resposta psicofísica a mudanças e dificuldades externas *percebidas*. Uma reação exagerada ou deslocada com relação a esses fatores estressantes externos vem a representar, no transcorrer do tempo, um severo tributo fisiológico para o corpo e, diante da existente debilidade numa determinada parte do corpo, pode provocar uma doença física. Está agora bem claro que atitudes conducentes ao *stress* podem constituir o fator causal de uma vasta gama de doenças, incluindo úlceras gástricas e duodenais, doenças cardiovasculares, enxaqueca, dores de cabeça originárias de tensão, artrite e asma. Certos tipos de personalidades são consideradas como predispostas a esses distúrbios provocados pelo *stress* – sobretudo distúrbios de natureza cardiovascular. Desde há muito as doenças com origem no *stress* substituíram as doenças infecciosas, como causa principal dos distúrbios de saúde na sociedade moderna.

O *stress* também pode interferir no funcionamento do sistema imunológico do corpo. Se o sistema imunológico não estiver funcionando bem, pode falhar na interceptação de vírus ou bactérias causadoras de doenças e o mal sobrevir. Ou pode falhar em desalojar e destruir as células cancerosas que possam surgir, ocasionando um desastre, que foge completamente ao controle. Ocorrem ainda outras doenças quando a capacidade do corpo de produzir anticorpos está prejudicada. Além disso, quando o sistema imunológico ataca inapropriadamente suas próprias células, resultam outros tipos de achaques chamados de doenças auto-imunizantes (como artrite reumatóide e esclerose múltipla). Repetimos: os padrões de atitudes – tipos de personalidades – diferem em sua susceptibilidade para reagir às perturbações do sistema imunológico e às doenças resultantes.

As descrições científicas desses sistemas de proteção estendem-se sobre esses mecanismos com muitos detalhes maiores do que os que aqui foram apresentados. Quanto mais aprendemos, por exemplo, sobre a complexidade do sistema imunológico, mais miraculoso ele nos aparece e menos nos "parece plausível um quadro puramente mecânico". Indagações cruciais permanecem literalmente sem resposta – por exemplo: Como podem todas as partes do corpo comunicar-se entre si e funcionar em conjunto para detectar os invasores específicos, para criar os exatos tipos de anticorpos destinados a destruir ou a inutilizar os atacantes e, depois, eliminar toda a escória? Como os pensamentos na mente podem se traduzir em interferências no funcionamento do sistema imunológico?

Se o papel da mente na criação das doenças é surpreendente, seu papel na cura não é menor. Uma forma específica dessa interação é conhecida como o "efeito placebo". O fenômeno básico parece estar muito próximo à hipnose. Se um paciente aceita a sugestão de que uma substância inerte (por exemplo, uma pílula de açúcar) é, na verdade, um remédio eficaz, o resultado pode ser a cura – claramente motivada pela mente do paciente, uma vez que não existe um efeito medicinal na própria substância inerte.

Um caso, agora famoso, foi descrito há alguns anos pelo dr. Philip West, um dos pesquisadores pioneiros dos fatores psicológicos na doença. Ele estava tratando de um homem acometido de um sério câncer, que lhe pediu para ser tratado com a droga experimental Krebiozen. A essa época, o Krebiozen estava sendo receitado pelos seus proponentes como uma cura miraculosa do câncer. Após uma dose única da droga, as massas tumorais do paciente "derreteram-se como bolas de neve sobre a chapa quente de um fogão". Embora o paciente, antes do tratamento, tivesse necessitado de máscara de oxigênio para respirar, em breve tornara-se tão ativo que chegara mesmo a pilotar seu próprio avião. Pouco depois, entretanto, leu certos estudos indicativos de que o Krebiozen era inoperante. Seu câncer começou novamente a se espalhar e ele teve que ser hospitalizado. O médico, em reação a essa dramática reviravolta, decidiu mentir para o seu paciente, dizendo-lhe que não acreditasse em estudos e prometeu-lhe um tratamento com um novo Krebiozen, ainda mais potente. Na verdade, ao homem somente água era administrada e, no entanto, seu estado melhorou sensivelmente. Sua recuperação prosseguiu até o dia em que tomou conhecimento, num artigo, de que a American Medical Association e a Food and Drug Administration haviam provado terminantemente a ineficácia do Krebiozen. Ele sofreu imediatamente uma recaída e veio a falecer alguns dias depois.

A regeneração é um fenômeno muito aproximado da cura. Uma parte do corpo é destruída – digamos, por um pequeno ferimento. Ao mesmo tempo que o sistema imunológico limpa a ferida, o resto do corpo se dedica a restaurar o tecido afetado. Os tipos certos de células se multiplicam e preenchem o espaço vazio, parando no momento em que a área esteja restaurada na sua forma original. O crescimento acelerado do tecido não prossegue indiscriminadamente, terminando com uma saliência de tecido cicatricial; ele "sabe quando parar". A regeneração que se opera nos seres humanos não é tão espetacular quanto a que se dá em algumas criaturas não-mamíferas. Nós não podemos fazer com que uma perna amputada torne a crescer, como a lagosta, que pode fazer com que uma sua pinça amputada cresça de novo. Entretanto, a questão principal permanece a mesma. Parece existir armazenado um padrão que governa o processo regenerativo. Se nossa ciência estiver baseada na metafísica M-1, o padrão "tem que" estar armazenado fisicamente, talvez nas células ou no sistema nervoso central – e nos esforçamos por acreditar que seja assim. Se, porém, a metafísica dominante for a M-2 ou a M-3, então o padrão pode consistir em uma imagem ou pensamento, algo como a idéia que um escultor tem em mente antes de criar sua obra de arte.

Vamos inserir novamente o lembrete: Não estamos sugerindo que o fenômeno da cura – ou que qualquer outro fenômeno – *prove* a incorreção da metafísica M-1. O paradigma científico reducionista-positivista pode ser forçado a se adequar a quase tudo, de modo muito semelhante ao quadro ptolomaico que podia ser forçado a se enquadrar, cada vez mais, em dimensões astronômicas precisas. Talvez tudo não passe essencialmente de um senso estético que, ao final, opte pela estrutura metafísica ou conceitual que possa se adaptar à experiência com esforço mínimo.

Atenção e volição

A mais recente metáfora dominante no campo da ciência cognitiva é a do processamento de informações. Deixemos que Morton Hunt, no seu popular resumo do assunto, *The Universe Within*, descreva como a consciência é encarada no caso: "O que pareceu aos filósofos ser a mente – um tipo diferente de material que existe no cérebro – não constitui em absoluto um material à parte, mas uma série de processos de imensa complexidade, a integração de milhões ou bilhões de eventos neurais. Chamamos a alguns desses macroeventos 'idéias', mas eles são, na realidade, conjuntos de microeventos físicos – concatenações de impulsos codificados, processados e armazenados na memória... [A] mente é... o conjunto total das manipulações dos símbolos do cérebro... A mente está para o cérebro como a digestão está para o estômago. O cérebro é o que *é*, a mente é o que o cérebro *faz*."

O conteúdo da consciência é constituído, "na verdade, por conjuntos de microeventos". Seria difícil encontrar uma afirmação mais concisa das presunções reducionistas e positivistas. Devido ao nosso condicionamento cultural isso pode parecer uma coisa perfeitamente razoável de dizer – mas essa não parece ser toda a história.

Um dos aspectos mais problemáticos da experiência humana, encarada sob o prisma M-1, é a *volição*. Nada é mais importante ao senso do eu que a experiência da volição – do "eu quero", "eu decido". O aparente conflito entre o senso de volição e a presunção determinista da ciência positivista constitui um dos mais antigos problemas da psicologia. "Existe o livre-arbítrio?" – era a enunciação comum do quebra-cabeças.

Segundo o ponto de vista M-1, o livre-arbítrio parece mesmo apresentar um paradoxo. Pois, se partirmos do princípio da competência absoluta e do determinismo da ciência e da universalidade das leis físicas, o livre-arbítrio não seria então mais que o sentimento associado a uma determinada ação. Isto é, eu ajo de uma forma determinada por todas as forças internas e externas que agem sobre mim, e penso que agir assim é escolha minha. Se, de outra maneira, consideramos o livre-arbítrio como ilusão, então teremos que abandonar conceitos como liberdade, conduta moral, comportamento racional e assim por diante.

Ora, existe uma razão pela qual o sentimento de livre-escolha pode realmente não passar de auto-engano, e precisamos distingui-lo dos quebra-cabeças mais essenciais. Já observamos que parecemos escolher tanto consciente como inconscientemente. Assim sendo, quando decido racionalmente não ser uma boa idéia deixar restos de comida no prato, isso pode, de fato, não passar de uma conseqüência do fato de eu haver internalizado a insistência paterna de que deixar comida no prato é *ruim*. Mas, uma coisa é reconhecer a escolha consciente ao lado da inconsciente e outra bem diferente é insistir em que ambas são ilusórias e em que não existe essa coisa de auto-escolha.

Um ponto tem, há muito, preocupado as pessoas que julgam que a ciência deva ser determinista – o de que, por melhor que se possa defender racionalmente essa posição, é impossível comportarmo-nos como se ela fosse verdadeira. Pouco importa quão logicamente sólida possa ser a hipótese determinista, pois ela jamais parecerá *fiel* à vida.

Sir John Eccles, no seu livro (em co-autoria com Sir Karl Popper) *The Self and Its Brain* (1977), refere-se ao trabalho de H. H. Kornhuber para suscitar um aspecto interessante da volição. Kornhuber constatou a existência de potenciais elétricos gerados no córtex cerebral depois da ocorrência da vontade de agir e antes do real desempenho da atividade motora. Ele observou sistematicamente a existência de um intervalo de uma fração de segundo entre o ato consciente da vontade e a atividade dela resultante. Durante esse breve hiato, dá-se uma agitação de potenciais elétricos que focalizam rapidamente a área cerebral própria para motivar a ação desejada.

Porém, o espaço de tempo entre o querer e a atividade desejada é bem mensurável. Eccles observa: "Podemos considerar esses experimentos como fontes de uma demonstração convincente de que os movimentos voluntários podem se iniciar de forma livre e independentemente de quaisquer influências determinantes que se encontrem totalmente dentro do mecanismo neuronal do cérebro."

Por outro lado, parece existir algum trabalho referente aos potenciais evocados que indica o contrário – a saber, potenciais elétricos existentes no sistema nervoso que surgem antes que o indivíduo esteja consciente de que está decidido a agir. Depois existem as situações de emergência em que respondemos instantaneamente com uma ação preventiva ou corretiva, e em que, somente depois, percebemos ter feito "instintivamente" a coisa certa. Qualquer que venha a ser a melhor maneira de entender a volição, enquadrá-la dentro da metafísica M-1 continua a representar um esforço.

Consideremos uma outra experiência bem conhecida, feita pelo pesquisador em hipnose, Ernest Hilgard, que se baseia na pergunta: "Quem está escolhendo?" Uma pessoa foi hipnotizada e declarou que sua mão esquerda (com a qual ela não escrevia) não sentia dor. Ordenaram-lhe, então, que colocasse essa mão num recipiente contendo água gelada e cubos de gelo. Embora isso seja normalmente muito dolorido, a pessoa disse – como se esperava – que se sentia bastante bem. Enquanto isso, pediram-lhe que, com a mão direita, se ocupasse com uma "escrita automática" – que simplesmente deixasse que sua mão escrevesse "qualquer coisa que quisesse", sem prestar a mínima atenção a isso. Passados alguns minutos, quando lhe perguntaram como estava passando sua mão imersa, ela respondeu que bem. Ao mesmo tempo, entretanto, sua outra mão estava "se queixando" amargamente ao escrever coisas como "dói" e "ai". Assim, uma parte da psique (incluindo a mente consciente, informante) estava despercebida da dor, enquanto a outra parte a estava sentindo e expressando. A esta "outra parte da psique" Hilgard deu o nome de "observadora oculta".

A volição, obviamente, não é uma questão simples. Intimamente ligada a esse fenômeno está a atenção. Sentado em meu estúdio, posso prestar atenção no que estou lendo. Alternativamente, minha mente pode divagar para algo que sucedeu ontem; ou eu posso prestar atenção ao fato de meu corpo estar confortável – isento de comichões, de dores e desconfortos; ou posso volver minha atenção a um ruído que esteve presente, discretamente, durante a minha leitura.

A atenção é um fenômeno mais importante do que a princípio pode parecer, pois a forma de eu prestar atenção afetará a minha percepção e a minha percepção afetará a minha forma de interpretar a experiência. Se escuto as palavras proferidas por uma pessoa, posso dar-lhes uma interpretação muito diferente da que eu lhes daria se prestasse atenção à sua linguagem corporal e observasse as mensagens sutis que chegassem a mim a partir de um volver de olhos, de gestos e posturas.

Mas com a atenção, assim como com a volição, estamos diante de um fenômeno diário que somente com muito esforço se enquadra em um ponto de vista M-1. Qual o eu que escolhe? Qual o eu que presta atenção?

Mente, instinto e evolução

O complexo comportamento instintivo dos animais é outra área que suscita indagações semelhantes. Milhares de exemplos poderiam ser aventados; tomemos um, citado por Rupert Sheldrake, no seu livro *A New Science of Life*.

O cuco europeu põe seus ovos nos ninhos de outras espécies. O filhote, chocado e criado por esses pais adotivos, jamais conhece seus pais verdadeiros. Pelo fim do verão, os cucos adultos emigram para seu hábitat de inverno, no sudeste da África. Um mês mais tarde, os jovens cucos se reúnem e então migram para a mesma região da África onde se juntam aos mais velhos. Eles sabem, instintivamente, que devem migrar e quando emigrar; instintivamente, eles reconhecem outros jovens cucos e se agrupam, e instintivamente sabem em que direção devem voar e qual o seu destino.

Será que os cucos têm algum programa sofisticado, como o de um computador, armazenado em seus genes? A resposta da ciência M-1 tende a ser "Deve ser isso". Ou os jovens cucos entram em sintonia com a Grande Mente dos Cucos que paira nos céus e seguem a sua rota a partir daí? Parece absurdo, no entanto é algo assim que Sheldrake sugere com o seu conceito de "causalidade formativa".

Segundo esse conceito, os sistemas estão organizados na forma em que estão agora porque sistemas semelhantes foram assim organizados no passado. Os comportamentos típicos dos organismos biológicos são influenciados por invisíveis campos de organização que operam através do espaço e do tempo. Esses supostos *campos morfogenéticos* constituem uma espécie de registro cumulativo de comportamentos passados, contando a favor dos comportamentos que deram certo para as espécies – de certa forma, no mesmo sentido da seleção natural. Assim, por exemplo, a aranha aprende a tecer e a remendar uma teia – não por imitação de seus pais, nem devido a alguma programação genética, mas a partir de um campo morfogenético cumulativo não mensurável, que armazena o aprendizado baseado em tentativas e erros de todas as gerações passadas.

Um dos exemplos apresentados por Sheldrake envolve uma série de experiências efetuadas pelo psicólogo William McDougall, de Harvard, no início da década de 1920, destinadas a verificar se os padrões comportamentais aprendidos são herdados. McDougall colocou ratos em um tanque especialmente construído, do qual eles poderiam fugir nadando através de uma passagem às escuras. Se, ao contrário, o rato nadasse em direção a uma passagem feericamente iluminada, receberia um choque elétrico. O grau de aprendizado dos ratos era calculado pela contagem do número de erros cometidos antes de aprenderem a nadar diretamente para a passagem às escuras. Surpreendentemente, ocorreu que as gerações seguintes de ratos aprenderam mais rapidamente que as precedentes. A experiência prosseguiu por 32 gerações e levou 15 anos para chegar ao fim. Da primeira às últimas gerações de ratos houve um avanço dez vezes maior no grau de aprendizagem. Ainda mais surpreendente é que, quando se fizeram estudos independentes na Escócia e na Austrália, destinados a repetir as experiências de McDougall, a primeira geração de ratos aprendeu quase que tão rapidamente quanto a 32ª geração de McDougall. Um certo número de ratos ainda "aprendeu" a tarefa imediatamente, sem cometer um único erro.

Estes resultados são completamente inexplicáveis em termos convencionais. Não somente o comportamento aprendido provou não ser herdado, como não há meios de justificar uma transmissão de aprendizado entre grupos de ratos completamente isolados. O conceito de Sheldrake – de explicar os padrões comportamentais por meio de um campo morfogenético não físico, mas cumulativo e não confinado espacialmente – se enquadra facilmente nos resultados observados. Esta idéia pode parecer, dentro de uma estrutura mental M-1, uma hipótese completamente absurda. Mas esse conceito não parece tão estranho quando encarado sob o ângulo das metafísicas M-2 e M-3, nas quais a consciência não é obrigada a se enquadrar em nossas usuais expectativas materialistas.

A maioria dos cientistas concordaria que os comportamentos instintivos – pouco importa a sua origem – estão entre as características que surgem através do processo de evolução e são geneticamente transmitidos às espécies a cada nova geração.

A origem das diversas formas de vida sobre a Terra, como via de regra entendida, é, em linhas gerais, bem conhecida. Há aproximadamente quinze bilhões de anos, o atual universo teve início com o "Big Bang". Há cerca de três bilhões de anos, a primeira vida surgiu na Terra; e há duzentos milhões de anos os primeiros mamíferos apareceram. Embora alguns aspectos da origem da vida permaneçam obscuros, os cientistas, de um modo geral, presumem que ela surgiu de algum tipo de acaso, a partir da combinação de ácidos nucléicos e proteínas. Em seguida, mais e mais formas diferentes de vida surgiram, sobretudo através dos processos de mutações fortuitas e seleção natural. Ao longo dessa senda evolutiva passaram os atributos da mente ou consciência. (Julga-se que a consciência não-material surgiu de um mundo material – um mundo de matéria e energia. Como vimos antes, uma tentativa para solucionar esse paradoxo é argüir se a mente é simplesmente um processo – ela é "o que o cérebro faz".)

A teoria evolucionista de Darwin está essencialmente alicerçada em uns poucos pressupostos. Um dos principais refere-se à existência de uma eterna luta pela sobrevivência, na qual a grande maioria dos contendores sucumbe. Outro é o de que existe uma linha natural de variação em todas as espécies, tanto em seus aspectos triviais como essenciais. Nos organismos altamente competitivos, algumas dessas variações devem conferir-lhes uma vantagem ou uma desvantagem na luta pelos meios de sobrevivência. Assim, ocorre uma seleção natural, pela qual os organismos menos aptos às suas condições de vida tendem a ser eliminados, enquanto que os mais aptos têm mais probabilidade de sobreviver e procriar. O resultado consiste numa gradual modificação das espécies rumo a uma maior adaptação.

Sabe-se hoje que a causa principal da variação, dentro dos organismos de uma mesma espécie, são as mutações do material genético, os genes, baseados no ácido desoxirribonucléico (DNA). Mutações são pequenas alterações na estrutura molecular do DNA que surgem como conseqüência de alguma substância química prejudicial ou radiação, e são essencialmente casuais.

Vários desafios foram propostos à hipótese evolucionista do neodarwinismo (isto, à teoria de Darwin, modificada pelo que desde então se aprendeu sobre os mecanismos genéticos da hereditariedade). Um desses desafios é o conceito lamarckiano da hereditariedade, de características adquiridas ou aprendidas. (Essa era a hipótese que McDougall estava testando em suas experiências há pouco descritas.) Quando se trata de características adquiridas e geneticamente transmitidas às gerações subseqüentes, essa hipótese é geralmente descartada. Entretanto, no sentido de ser o aprendizado cumulativo das espécies de certo modo preservado dentro do campo morfogenético, como proposto por Sheldrake, a idéia pode dar mostras de revitalização.

Outro desafio consubstanciou-se no pressuposto de que uma mudança gradativa, envolvendo pequenas mudanças em cada geração, pudesse responder pela enorme diversidade de organismos que existem sobre a Terra. Antes de qualquer outra coisa, os organismos diferem quanto ao número e estrutura de seus cromossomos, de forma que devem ter sofrido algumas mudanças mais abruptas e mais importantes.

Mas o mais surpreendente de tudo na conceituação neodarwinista da senda evolutiva é o aparecimento de estruturas e comportamentos complexos que parecem ter valor de sobrevivência somente na sua forma acabada, não nas etapas intermediárias. Um exemplo freqüentemente citado é o da visão binocular. A visão binocular é encontrada nos mamíferos e em muitas outras criaturas. O olho em si é um instrumento caprichosamente destinado à percepção visual; a característica binocular, usando dois olhos, é a causa de uma pronunciada e profunda percepção. Uma vez presentes os dois olhos, é fácil compreender seu valor para a sobrevivência. Mas como podemos imaginar um desenvolvimento gradual da visão binocular, através de pequenos estágios, cada estágio como resultado de fortuita mutação, e cada estágio como possuidor de suficiente valor para a sobrevivência, de forma a ser favorecido à medida que suas características vão passando às sucessivas gerações? Ou alternativamente, podemos imaginar o aparecimento acidental de um organismo que, de um salto, atinja uma visão binocular rudimentar com suficiente valor para a sobrevivência que, através de sucessivas gerações de seleção natural, foi sendo aperfeiçoada até chegar à forma presente? Embora esses tipos de explicações façam uma tremenda concessão ao "acidente", constituem, na verdade, a forma preferida de explanação numa ciência comprometida com uma metafísica M-1.

Consideremos um outro tipo de explanação que fale de uma espécie de "empurrão" teleológico no processo evolutivo, de uma evolução rumo a uma crescente percepção, complexidade, liberdade – em suma, de uma evolução *com endereço certo* (não num sentido predeterminado, mas no sentido de uma direção escolhida). Nesse tipo de explanação evolutiva, o organismo desenvolveu dois olhos porque, em algum nível profundo de entendimento interior, ele queria ver melhor! Talvez uma espécie, durante o longo caminho de desenvolvimento evolutivo, não seja apenas impulsionada por mutações fortuitas e pela seleção natural, mas também empurrada pelo tipo de força teleológica a que se refere Henri Bergson no seu livro *Creative Evolution*, e muito mais diretamente Teilhard de Chardin na obra *The Phenomenon of Man**. Neste tipo de explanação, *a mente antecede o cérebro* e a evolução se caracteriza tanto pela liberdade de escolha do organismo como pela sua intuição em relação ao rumo ''certo''. Esta tem sido uma forma de explicação totalmente inaceitável no moderno debate científico – e, no entanto, tem mais afinidade com o ponto de vista emergente de que a consciência tem que, de certo modo, ser decomposta em todos os seus fatores dentro da nossa visão científica total do universo.

Faculdades excepcionais

Nos debates referentes às limitações da ciência M-1, existe uma área dentre todas que tem gerado as mais calorosas controvérsias – a área das faculdades excepcionais, sobretudo aquelas que parecem, de algum modo, contradizer a visão científica básica da realidade. No capítulo 2, enumeramos os dez pressupostos tácitos da ciência convencional. Referimo-nos agora às faculdades e fenômenos que parecem desafiar um ou mais desses pressupostos.

No capítulo 1, mencionamos um desses fenômenos que entrou recentemente em voga como uma demonstração inequívoca do poder da sugestão – andar sobre brasas. Têm havido muitas tentativas heróicas de, de certo modo, conciliar essa experiência com a metafísica M-1 – cinza isolante, camada isolante de vapor etc. Qualquer que seja o mecanismo intermediário adotado, o fato em questão parece ser que, se fixarmos a nossa consciência ou atenção de uma certa forma, os pés descalços sofrerão imediatamente uma queimadura de terceiro grau provocada pelo carvão em brasa; e se mantivermos a mente fixa de uma outra forma, os pés descalços nada sofrerão.

* *O Fenômeno Humano*, Editora Cultrix, São Paulo, 1988.

Em todas as sociedades tradicionais contam-se histórias de homens e mulheres dotados, ao que parece, de qualidades miraculosas, sendo essas qualidades reconhecidas por todas as religiões. Em muitas partes do mundo acredita-se que sejam deliberadamente cultivadas várias faculdades paranormais, dentro de sistemas esotéricos, como xamanismo, feitiçaria, ioga tântrica e espiritualismo. E mesmo na moderna sociedade ocidental existem constantes relatos de fenômenos aparentemente inexplicáveis, como telepatia, clarividência, precognição, lembranças de vidas passadas, obsessões, *poltergeists*, psicocinese e outros.

O estudo dos alegados fenômenos paranormais vem se realizando há pelo menos um século e meio, embora raramente sejam aceitos sem reservas pelas organizações científicas dentro das quais são investigados. Embora tenha havido alguns casos de fraude e embuste e de ocorrências supostamente paranormais, que depois se demonstrou sobrevirem de causas razoavelmente normais, subsiste um certo número de casos que aparentemente desafiam explicações em termos de quaisquer dos princípios físicos conhecidos. E ainda, numerosas experiências destinadas a testar a assim chamada percepção extra-sensorial ou psicocinese tiveram resultados contrários à idéia de que a chance de ocorrerem fenômenos metafísicos era de um para muitos milhões.

Na medida em que estes fenômenos não podem ser explicados nos termos das conhecidas leis da física ou da química, de acordo com o ponto de vista dos pressupostos metafísicos M-1, eles não devem ocorrer. Se no entanto ocorrem, então dependem ou de leis físicas, ainda não conhecidas, ou de fatores e princípios conectivos causais não-físicos.

Segue-se uma classificação comum dos fenômenos psíquicos:

• *Percepção extra-sensorial* (em que a informação parece ser obtida em condições que fogem aos conhecidos canais sensoriais);
Telepatia (em que a comunicação parece ocorrer de mente a mente);
Clarividência (em que parece haver uma captação direta da informação que, normalmente, não seria considerada acessível – por exemplo, o fenômeno de enxergar a distância);
Precognição (no qual a pessoa parece possuir informações referentes a fatos que ainda não ocorreram – às vezes surgindo

sob a forma de "lembrança" de algo que irá acontecer no *futuro*);

Retrocognição (no qual parece haver conhecimento ou "lembrança" de fatos que tiveram lugar no passado e que a pessoa não poderia conhecer pelas vias ordinárias).

• *Psicocinese* (em que o estado da mente de uma pessoa parece exercer um efeito direto sobre o meio físico);

Psicocinese simples (na qual o estado mental aparentemente faz com que algo se mova ou seja fisicamente afetado a distância, sem uma intervenção física de tipo comum, como acontece, por exemplo, com as sabidas demonstrações de entortamento de metais);

Levitação (de si mesmo);

Teletransporte (desaparecimento aparente de um objeto e seu aparecimento em outro lugar);

Materialização e desmaterialização;

Fotografia mental (em que uma imagem guardada na mente ou um estado mental resulta aparentemente numa imagem sobre um filme fotográfico);

Cura psíquica e cirurgia psíquica.

• *Mediunidade ou canalização* (aparente comunicação com seres desencarnados, algumas vezes acompanhada de fenômenos físicos ou quase-físicos).

Um cético convicto estará bem certo de que a maioria dos fenômenos enumerados não poderia ocorrer de forma alguma, e os poucos que poderiam ocorrer, aparentemente seriam talvez susceptíveis de explicações "científicas" e "naturais". No entanto, a explicação simples da questão consubstancia-se em que todos esses fenômenos (andar sobre o fogo) foram relatados por diversas culturas durante dezenas de séculos, e todos foram investigados por observadores cuidadosos e cientificamente sofisticados. Isso não quer dizer que eles tenham sido "demonstrados" para a satisfação da comunidade científica – longe disso. Pelo contrário, os dados permanecem perturbadoramente equívocos (pelos motivos que exporemos no próximo capítulo). Mas mesmo assim, quando consideramos a potencialidade de toda uma cultura, ver "realidades" que outras culturas não vêem, a pesquisa experimental e os relatórios anedóticos a respeito de fenômenos psíquicos não podem ser totalmente descartados.

Como H. J. Eysenck, chefe do Departamento de Psicologia do Hospital Maudsley, em Londres, resumiu há cerca de 30 anos: "A menos que exista uma gigantesca conspiração envolvendo 30 departamentos de universidades ao redor do mundo e muitas centenas de cientistas altamente respeitados nas mais variadas áreas, muitos dos quais originalmente hostis às teses dos pesquisadores psíquicos, a única conclusão a que pode chegar um observador insuspeito deve ser a de que existem pessoas que captam conhecimentos existentes na mente de outra pessoa ou no mundo exterior, por meios ainda desconhecidos à ciência."

Dentro do quadro dos pressupostos da metafísica M-1, tudo isso é completamente desconcertante e conduz a uma busca infrutífera de "mecanismos físicos". Do ponto de vista M-2, a ocorrência desses fenômenos não é tão perturbadora, mas não está claro se o tipo de pesquisa que levará ao entendimento consiste na incongruência da natureza dos dados.

De acordo com o quadro M-3, a natureza errática dos fenômenos psíquicos tende a ser compreendida como relacionada com o fenômeno psíquico da resistência. Nenhuma dessas ocorrências é intrinsecamente impossível, mas todas violam a ordem que (de certo modo) está "estabelecida" na mente coletiva. Assim, embora esses fenômenos possam acontecer vez ou outra, existe uma resistência inconsciente em nível profundo exatamente aos tipos de dados que o cientista busca – dados que iriam demonstrar "cientificamente" a existência desses fenômenos anômalos.

De todos os desafios ao reducionismo e ao positivismo, essas faculdades excepcionais são as mais diretamente ameaçadoras, as mais indefiníveis e as mais controvertidas.

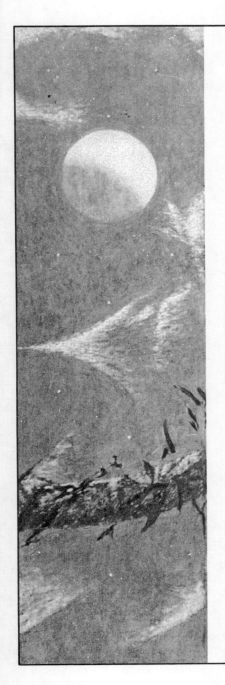

4

*A verdade não é o demonstrável.
A verdade é o inelutável.*
— Saint-Exupéry

O novo paradigma da psicologia:
A legitimação do transpessoal

O enigma fundamental da ciência ocidental foi, há muito, reconhecido. Se o mundo de que a ciência nos fala é verdadeiro, como é que não nos sentimos melhor dentro dele? Se a minha mais direta experiência da realidade é a minha percepção consciente, por que a ciência não abre mais espaço à consciência? Na verdade, ocorreram, no passado, tentativas de colocar a consciência numa posição mais importante no sistema da sabedoria. Algumas delas (por exemplo, a fenomenologia, o introspeccionismo, a gestalt) não lograram aceitação por não corresponderem aos critérios metodológicos básicos; outras (como a psicologia tibetana budista) são oriundas de outras culturas e só agora estão recebendo uma consideração séria.

Uma vez que aceitemos que a desconfiança é inevitável no sistema de conhecimento de qualquer sociedade (sendo duas de suas principais vertentes as presunções metafísicas básicas e a suspeita quanto a um conhecimento culturalmente útil), a questão de como testar esse conhecimento torna-se crucial. O teste do conhecimento científico é uma questão muito mais sutil do que se imagina. Dois critérios são comumente aceitos como os mais característicos do método científico, a saber: *objetividade na investigação dos processos e confiabilidade através de experiências repetidas.*

A difícil tarefa de ter uma mente aberta

Consideremos a objetividade. No presente contexto, essa palavra quer significar que procuramos obter uma visão da realidade não distorcida por sentimentos pessoais ou preconceitos. Sendo assim, implica não só processos de pesquisa que separam as descobertas dos desejos e expectativas do pesquisador, como também implica abertura para uma nova evidência que possa forçar a pessoa a alterar suas convicções. Dessa forma, não se trata apenas de uma característica da metodologia científica; trata-se também de um *traço do caráter do pesquisador.*

Quando se ensina a história do pensamento científico, tem havido a tendência de se imaginar a Escolástica da Idade Média como intrinsecamente fechada a novas idéias. O cientista, por outro lado, é descrito como um eterno curioso em busca de novos fatos e ansioso por ver suas teorias ruírem sob o impacto de novos dados – que então são reconstruídos de uma forma mais abrangente. A história registra como Galileu, Bruno e Harvey foram hostilizados pelos poderes estabelecidos por suas citações de autoridades clássicas. Muitas vezes atenuamos a hostilidade e a oposição sofridas por Semmelweis, Pasteur, Darwin, Freud e inúmeros outros por parte de seus próprios colegas.

Se lermos as entrelinhas da história da ciência, encontraremos exemplos sem fim de maus-tratos infligidos por cientistas a outros cientistas, cujas teorias ou experiências não são adequadas às estruturas conceituais aceitas. No entanto, não é muito justo criticar esses cientistas que demonstram uma fragilidade, no todo, muito humana. O desejo consciente pode muito bem ser aberto e objetivo; mas um instinto inconsciente de proteção pode levar a um comportamento contrário. Não estamos nos referindo apenas ao cientista que está tão envolvido com a sua própria teoria, que psicologicamente não tem condições de observar uma evidência conflitante. Muito mais intensa e onipresente é a questão de ser objetivo diante de presunções inconscientes partilhadas pela sua própria cultura (ou subcultura científica) como um todo.

No princípio do século XVII, as autoridades podem não ter sido muito receptivas quanto à informação sobre a existência de satélites que giram ao redor de Júpiter. Podemos, entretanto, presumir que estivessem ansiosas por investigar, dentro da estrutura metodológica tradicional, alegações de sonhos proféticos, de curas miraculosas, ou da aparição de uma imagem que se assemelhava à Virgem Maria, ou de um monge em estado de meditação que parecia erguer-se do chão e levitar. Assim, de um ponto de vista importante e freqüentemente negligenciado, *a objetividade constitui uma função dos pressupostos prevalecentes (em parte inconscientes) sobre a natureza da realidade.*

Consideremos, por exemplo, os pronunciamentos feitos pelo comitê designado pela Academia Francesa, em 1772, para investigar relatórios referentes ao que hoje chamamos de meteoritos – esses corpos extraterrestres que surgem como objetos flamejantes cortando os céus e que atingem o solo em forma de grandes pedaços de metal crestado e de pedras. (O comitê contava com a presença de Antoine Lavoisier, o "pai da química moderna".) A conclusão a que chegou o comitê, depois de longas deliberações e exames das muitas provas, foi esta com a qual principiaram: "Não existem coisas tais como pedras quentes que caem do céu, porque não existem no céu pedras para cair." A interpretação prevalecente do modelo newtoniano do sistema solar não admite a existência desses corpos estranhos. Sendo assim, os fenômenos relatados devem ter outras explicações – "visões" ilusórias, pedras aquecidas por terem sido atingidas por raios, pedras arrastadas por furacões ou por erupções vulcânicas etc. Era tal o prestígio de que gozava o comitê e eram tão convincentes os seus argumentos que os museus de toda a Europa Ocidental jogaram fora seus espécimes de meteoritos. Resultado: existem pouquíssimos espécimes preservados de meteoritos anteriores a 1790.

Mais recentemente, o destino dos cientistas que procuraram levar a sério os constantes relatos a respeito de objetos voadores não identificados (OVNIs) tem sido o ridículo e a mortificação. O argumento básico parece consubstanciar-se em que não há como considerar o fenômeno dentro das estruturas conceituais aceitas; daí que os milhares de fenômenos investigados não devem ter ocorrido, as fotografias impressionantes de OVNIs devem ter sido todas forjadas e os dados comprobatórios são o resultado de alguma espécie de conspiração fraudulenta.

A história da física da luz é muito interessante neste particular. Nos idos de 1650, o físico italiano Francesco Grimaldi realizou algumas experiências, introduzindo um raio de luz através de uma estreita passagem e obtendo um padrão de faixas de luz e sombra que hoje chamaríamos de padrão de difração. O trabalho suscitou um interesse apenas efêmero, devido à aceitação generalizada do ponto de vista de Newton quanto à natureza da luz ser constituída de partículas. Os estudos de Thomas Young, datados de 1802, e que marcaram época, a respeito de experiências sobre a interferência, sugerindo uma teoria de tipo ondulatório, foram taxados por um membro da Royal Society de "documentos insignificantes e infundados... destituídos de qualquer espécie de mérito". O ataque injurioso a Young manchou sua reputação por muitos anos; sua teoria despertou susceptibilidades iradas no mundo acadêmico. Um crítico advertiu que a teoria ondulatória "não tem outro efeito senão o de coibir o progresso da ciência e o de renovar todos aqueles espectros desordenados da imaginação que... Newton expulsou do seu templo".

A despeito de tão veemente oposição, a teoria ondulatória obteve uma vitória temporária. O desencorajamento e o ridículo visavam agora tentativas, que começaram no século XVIII, para medir a pressão da luz quando incide sobre um corpo sólido. A razão residia em que, de acordo com argumentos *a priori*, era inconcebível que ondas imateriais pudessem exercer pressão sobre corpos sólidos. (Mais tarde, as coisas mudaram, e a pressão da luz não só foi observada como também enquadrada teoricamente.) As teorias matemáticas de Maxwell sobre as ondas eletromagnéticas enfrentam, a princípio, uma rejeição generalizada, devido ao problema de imaginar-se algum tipo de "éter" que a tudo permeava, a fim de servir de suporte às ondas. Até seus últimos dias, Lord Kelvin jamais aceitou as hipóteses de Maxwell e insistiu em que a descoberta dos raios-X por Roentgen (semelhantes à luz com comprimentos de onda extremamente curtos) devia ser algum tipo de embuste premeditado – porque argumentos *a priori* mostraram que eles não poderiam existir. Enquanto isso, Einstein havia proposto o fóton ou teoria da luz como "partícula luminosa", e seus opositores objetaram que sua aceitação faria a ciência regredir séculos.

O princípio da complementaridade de Bohr finalmente proporcionou uma solução à controvérsia onda-partícula. Esse princípio, em essência, afirma que as características da onda e da partícula representam aspectos complementares de uma realidade que não pode ser plenamente concebida se separarmos uma metáfora da outra. Temos a liberdade de medir tanto o comprimento da onda como a posição de um fóton, tão precisamente quanto o desejemos. Mas as duas quantidades não fazem parte do mesmo modelo conceptual e uma tentativa de pensar em termos de ambas ao mesmo tempo ocasiona uma situação paradoxal, pois o princípio da incerteza declara que quanto mais preciso for o nosso conhecimento do comprimento da onda, maior a nossa ignorância quanto à sua posição, e vice-versa. Isto é, o que é "real" num modelo é enganoso, se não ilusório, em outro. (Observe a intrigante analogia, a esse respeito, da relação entre consciência e matéria-energia.)

A moda muda segundo a possibilidade de aceitação de determinados tipos de explicação. O efeito sedativo do ópio foi explicado, na época pré-newtoniana, pela presunção de que o ópio possuía um "poder soporífero". Em fins do século XVII, ante a crença predominante de que todas as facetas da experiência física poderiam ser, em última análise, expressas em termos de partículas elementares, a explicação favorita para as qualidades sedativas e analgésicas do ópio consistia em que a forma arredondada das moléculas de ópio acalmavam os nervos, ao longo dos quais elas se moviam. Em nossos tempos, sentimo-nos mais à vontade para explicar a supressão da dor ao dizer que as moléculas de ópio afetam o centro soporífero do cérebro e ao falar da associação de moléculas tipo endorfinas, presentes no opiato, com receptores existentes no sistema nervoso central. Mas a situação não se altera basicamente. Nós não chegamos a uma concepção da natureza do sono, ou da sedação, ou da dor e de seu alívio – porque não temos uma idéia precisa do papel exercido pela consciência nesse processo.

Durante o século XVIII, a Royal Society destruiu provas que demonstravam a existência de vários fenômenos de feitiçaria. Mais tarde, provas semelhantes foram reconhecidas e estudadas – mas como manifestação de poderes hipnóticos. A própria hipnose foi rejeitada, em larga escala, pela antiga comunidade científica, julgando-a como "magnetismo animal". (A comissão investigadora que, em 1784, concluiu que não existe "fluido magnético", incluía Benjamin Franklin e Lavoisier. Curas extraordinárias não eram negadas, mas antes atribuídas à "mera imaginação".) O primeiro quadro completo dos efeitos hipnóticos foi publicado em 1826 e incluía amnésia, analgesia, atividade alucinatória, capacidade aperfeiçoada de memória, hipersugestionabilidade e submissão, comunicação telepática, "ver sem os olhos" (visão clarividente a distância), dom de clarividência para diagnosticar, prescrever e prognosticar em caso de doença, propensão a contrair doenças de terceiros e curá-los.

A hipnose, até a metade do século XX, tendia a ser considerada uma área relativamente de tabu para a pesquisa científica. Isso era, sem dúvida, verdadeiro, em parte devido à sua antiga associação com a percepção extra-sensorial. A definição da hipnose já não inclui ou implica esses fenômenos, raramente relatados em pesquisas de laboratório. Isso pode, talvez, significar que os mesmos jamais ocorreram ou que suas ocorrências são hoje obstruídas pela descrença dos pesquisadores contemporâneos. (De certo modo, é irônico o fato de que um dos mais avançados pesquisadores do século XIX, especializado na percepção extra-sensorial, queixava-se de que a pesquisa britânica, no campo da telepatia, foi sustada devido à sua associação com a condenável área da hipnose!)

Mais ou menos em 1840, os médicos John Elliotson, em Londres, e James Esdaile, em Calcutá, fizeram amplo uso da sugestão hipnótica para realizar importantes cirurgias indolores, incluindo amputação dos membros inferiores. As revistas médicas se negaram a divulgar esses resultados baseadas no fato de não existir uma explicação concebível para os alegados efeitos analgésicos. Embora centenas de operações de vulto tivessem sido realizadas sem dor, algumas publicamente, os médicos e pacientes eram acusados de "fraude ou conivência". Os pacientes, diziam, deviam estar fingindo que não sentiam dor, enquanto suas pernas estavam sendo amputadas ou seu estômago operado sem a ajuda de anestésico!

Vimos que a parapsicologia tem sido uma área extraordinariamente controvertida através da maior parte de sua longa história de séculos. Os ataques oscilaram de um ridículo discreto a uma franca hostilidade. Os críticos inclinavam-se a ignorar o fato de que dados sobre a ocorrência espontânea de fenômenos presumivelmente paranormais haviam sido coletados durante décadas, antes do início de sérios esforços no sentido de realizar experiências controladas. Eles responsabilizavam técnicas imperfeitas – usadas nas experiências – (falhas em se defenderem contra sugestões sensoriais, contra erros sistemáticos – talvez inconscientemente influenciados pela predisposição do pesquisador em prol da hipótese da percepção extra-sensorial –, contra o uso errôneo de métodos estatísticos), ou imputavam-nas à credulidade e ao engano doloso. Pela técnica de dividir-e-demolir, as descobertas experimentais foram dispostas, uma a uma, sobre as múltiplas bases de acaso, erro e fraude. Na metade do século, o neurofisiologista D. O. Herb caracterizou a opinião científica dominante ao admitir:

84

"Eu não aceito absolutamente a percepção extra-sensorial porque ela não tem sentido. Meu critério extrínseco, tanto no campo da medicina como da fisiologia, declara que a percepção extra-sensorial não é um fato, apesar das provas que têm sido apresentadas." (Mais sucinto e mais direto foi o comentário de um cientista contemporâneo muito conhecido que, tendo de enfrentar uma prova qualquer, especialmente convincente, de visão clarividente a distância, dizia desdenhoso: "Eu não acreditaria mesmo que *fosse* verdade.")

Podemos ver facilmente que muitos dos melhores cientistas tiveram dificuldade em ser objetivos. Depara-se frontalmente com o problema quando se lida com auto-relatos de experiências subjetivas, que constituem o cerne da pesquisa no campo da consciência.

Objetividade e confiabilidade científicas

Consideremos uma forma comum de pesquisa – testar a eficácia de um novo analgésico, distribuindo a droga a uma larga faixa de cidadãos e fazendo uma análise estatística dos dados obtidos. A dor é uma resposta subjetiva, afetada por toda sorte de variáveis sutis, tais como o desejo do indivíduo de cooperar com o pesquisador, o efeito placebo, a supressão deliberada ou não da dor por meio de auto-sugestão, além de características individuais e variação na resposta do sujeito de um dia para outro. Mesmo com toda a sofisticação das técnicas do tipo "duplo cego", não podemos esperar, em pesquisas que envolvem tão de perto auto-relatos de dor subjetivamente sentida, que sejamos capazes de utilizar definições rígidas de objetividade e repetição. Nem seria de esperar que os méritos da pesquisa pudessem ser severamente criticados devido a essa dificuldade intrínseca.

Em pesquisas mais diretamente relacionadas com a exploração dos poderes da mente, os problemas ligados à objetividade e repetição são mais agudos. Tomemos dois exemplos – pesquisa sobre imagens mentais e sugestão como coadjuvantes da regressão do câncer, e pesquisa sobre psicocinese. Em ambos os casos existe uma boa dose de um cuidadoso trabalho efetuado por competentes pesquisadores; em ambos os casos os resultados sugeririam a forte existência de um fenômeno genuíno. No entanto, dada a ausência de algum tipo de "mecanismo" em favor do fenômeno, rigorosas exigências são feitas com relação às descobertas a que chegaram as pesquisas – e devido aos estritos padrões, elas deixam de passar no teste. Pesquisadores com convicções positivas a respeito dos fenômenos tendem a reportar resultados positivos, ao passo que os céticos tendem a obter resultados negativos – levantando, assim, a questão da objetividade. E os resultados são discrepantes, mesmo em condições aparentemente semelhantes.

O cético inclina-se a interpretar essas características da pesquisa como prova da não-existência dos fenômenos; no entanto, elas podem ser interpretadas como sinais de exigências inadequadas de "objetividade" e de "repetição" numa área de pesquisa em que o significado comum das palavras fica deslocado. Uma vez postulada a possibilidade da mente de um indivíduo afetar o meio circundante, a distância, torna-se então evidente que o estado da mente do pesquisador pode afetar os resultados – de forma que uma objetividade estrita constitui uma impossibilidade. Uma vez que reconheçamos que os seres humanos fazem escolhas tanto no nível consciente como no nível inconsciente (como o hábito – uma escolha inconsciente dirigindo uma consciente; ou o sentimento de culpa – uma mensagem enviada de uma parte da mente inconsciente, mostrando que desaprova uma escolha feita conscientemente), então os fenômenos devem ser reinterpretados. As escolhas inconscientes, assim como as conscientes, estão vinculadas tanto à cura do câncer quanto à psicocinese. Uma pessoa pode querer uma coisa em nível consciente, enquanto que, inconscientemente, deseja outra. Com a interveniência desse fator incontrolável é impossível obter uma replicabilidade estrita.

Desse modo, as rígidas interpretações da objetividade e da confiabilidade através da repetição pareceriam inadequadas quando a matéria sob pesquisa envolver a consciência e a experiência subjetiva. Entretanto, não há dúvida de que existem alguns critérios – como esses – que *são* adequados. Por exemplo, o ideal budista do *não-apego* seria altamente recomendado como um substituto da objetividade. Na tradição budista (que implica pressupostos metafísicos do tipo M-3), nossa percepção só não é distorcida quando não existe apego a teorias, expectativas, resultados, desejos, recompensas materiais e a outros fatores semelhantes.

No que concerne à confiabilidade, se estivermos trabalhando numa área em que não é de se esperar a repetição estrita das experiências controladas (ou, como numa pesquisa astronômica, não é de se esperar a repetição das medições em sistemas que não podemos nem transformar nem controlar), mesmo assim deve existir um meio pelo qual possamos avaliar a confiabilidade do conhecimento. (Por exemplo, os cientistas têm, com freqüência, escolhido uma entre duas teorias – sendo que as duas parecem enquadrar-se nos fatos conhecidos – sob a alegação de que uma é mais elegante do que a outra.)

Múltiplas pessoas num só corpo

A pesquisa sobre personalidades múltiplas representa uma área importante que ilustra algumas das dificuldades associadas a informações oriundas de auto-relatos. O eu consciente "ordinário" está, de um modo geral, muito seguro de constituir uma mente num corpo. O eu onírico conhece outro mundo, mas também está seguro de ser, tanto em sonhos como em vigília, o mesmo "eu". Entretanto, existem pessoas que são vítimas do "mal da personalidade múltipla" – que parecem ter duas ou mais personalidades distintas. (Dr. Jekyll e Sr. Hyde é o exemplo clássico da ficção.) Nos casos reais, a condição parece, quase sempre, ter origem em tratamentos cruéis ocorridos durante a infância, e é tipicamente perturbadora e dolorosa para as pessoas que a sofrem. Pesquisas atuais a respeito do fenômeno são interessantes de vários pontos de vista, incluindo o desafio de encontrar respostas para alguns quebra-cabeças metodológicos.

Nesse tipo de pessoa (uma pessoa "múltipla"), diferentes personalidades (que em muitos casos não têm consciência uma da outra) controlam alternativamente o corpo. Personalidades alternadas podem ser muito diferentes quanto ao modo de expressão e de pensamento, quanto ao humor, à índole, às características vocais, ao gênero aparente, à fisionomia, à postura e movimento, às memórias a que têm acesso, à história e à época da vida relatada, além de outras características individuais e de temperamento. Diferentes personalidades freqüentemente desenvolvem habilidades físicas diversas, tato interpessoal e áreas de interesse intelectual. Podem falar várias línguas estrangeiras. A impressão de que personalidades totalmente diferentes estão se expressando através de um só corpo pode se fortalecer na correlação dessas várias manifestações com as mudanças de personalidade originadas por experiências vivenciadas subjetivamente pelo psiquiatra ou pelo pesquisador.

O atual surto de interesse na pesquisa desta matéria se deve, em parte, à constatação de que, nesses casos de mudança de personalidade, ocorrem mudanças fisiológicas e bioquímicas que também podem ser observadas. Estas podem incluir alterações no padrão das ondas cerebrais, na composição química dos fluidos corporais, no estado imunológico, além de alergias, sensibilizações elétricas da epiderme e outras reações congêneres. Esta constatação deixa pouca dúvida quanto ao fato de que, de alguma forma importante, a personalidade alternada "existe realmente", tão certo como existe a personalidade habitual. A pesquisa sobre as múltiplas personalidades poderia lançar uma nova luz numa série de questões relativas à consciência.

O estudo das personalidades múltiplas suscita um tipo diferente de indagação metodológica. A maioria das ciências convencionais busca explicações reducionistas para o fenômeno. Porém, a "personalidade", como a "saúde" e o "amor", constitui um conceito holístico. Como procurar a verdade numa área em que temos de lidar com uma situação holística que inclui não apenas o comportamento e outras dimensões mensuráveis, mas também o amplo espectro da experiência subjetiva? As indagações mais proveitosas parecem envolver a investigação dessas experiências interiores, freqüentemente bastante profundas, girando em torno de uma atmosfera de mútua confiança e harmonia – em nada semelhante ao frio desapego da pesquisa dirigida.

A mudança de uma personalidade para outra pode partir de um ato voluntário da personalidade múltipla, ou ser espontânea – freqüentemente acionada por uma reação emocional a uma situação. Algumas personalidades alternativas parecem ser destrutivas; podem ser masoquistas ou criar problemas para o múltiplo, por meio de um comportamento sociopático. Algumas vezes, uma personalidade alternativa pode desempenhar um papel auxiliar. Uma personalidade pode demonstrar uma grande força física e atuar como protetora quando a situação reclamar esse expediente. Outra pode atuar como curandeira e assumir o comando em emergências, demonstrando uma extraordinária sabedoria de como curar o corpo. Outra personalidade alternativa pode tomar conta do corpo enquanto a principal está "dormindo" e preparar o jantar, lavar a louça ou realizar outras tarefas úteis. Quando uma personalidade está estressada ou cansada, a outra assume o controle da situação, agindo com muita eficiência.

Em certos casos, essas personalidades alternativas podem se "fundir" permanentemente numa só ou pôr um termo a essa situação. As duas hipóteses podem levar mais conforto ao paciente, com muito mais eficiência; em outras palavras, podem ser parte da "cura". Mas, de um modo geral, o múltiplo não quer ser "curado"; ter o corpo administrado por uma equipe que, digamos, exerce bem suas funções, talvez seja mais vantajoso do que estar confinado a uma única personalidade.

No decurso da terapia pode ser encontrada uma determinada personalidade alternativa, conhecida como "auxiliar interior do eu". Essa personalidade única, em regra, coopera muitíssimo com o terapeuta, chegando mesmo ao ponto de dar-lhe conselhos e apontar-lhe erros. Parece nunca exibir emoções negativas, como ódio, raiva, ansiedade, medo, depressão. É tipicamente alegre, carinhosa e dotada de um bom senso de humor. Parece ser, ao mesmo tempo, sábia e compassiva. Essa personalidade "auxiliar" dá a impressão de estar potencialmente presente em todos os casos conhecidos, apesar de não aparecer de forma espontânea. Ao contrário de outras personalidades alternativas que afirmam claramente ter "nascido" durante algum período traumático na primeira infância do corpo, é mais provável que a "auxiliar interior" afirme "eu sempre existi". Interrogada a respeito da morte, relata que na morte o corpo se putrefaz e as outras personalidades se desintegram, mas "eu permaneço". (É interessante comparar esta recente descoberta com a seguinte citação dos *Upanishads* [Índia, 1000 a.C.]: "O *atman*, o EU, nunca nasce e nunca morre... É atemporal, jamais nascido, permanente e eterno. Ele não morre quando o corpo morre.")

O fenômeno das múltiplas personalidades parece estar relacionado com outros tipos de estados dissociativos, alguns dos quais não são considerados patológicos; pelo contrário, são muito valorizados. Claro que, em certo sentido, todos nós temos personalidades alternativas; todos nós passamos por momentos em que sentimos definitivamente que o pai internalizado, ou a criança petulante, está no controle da situação. Uma experiência dissociativa muitas vezes considerada benéfica é chamada de experiência extracorpórea; ela está, algumas vezes, associada a um episódio próximo à morte. Muitas pessoas contaram que essa experiência resultou num efeito positivo, transformador de suas vidas. Outro exemplo é a experiência subjetiva oferecida por algum tipo de gênio interior, como a musa dos poetas ou o *daemon* de Sócrates, que pode trazer resposta para uma pergunta, solução para um problema, ou inspirar uma composição musical ou a idéia de uma obra de arte.

Algumas vezes uma personalidade alternativa pode parecer, tanto para a personalidade principal como para um observador externo, inteligente, sábia e generosa, muito além da capacidade e do caráter habitual da personalidade hospedeira. Tal entidade pode se intitular, por exemplo, guia espiritual. O termo canalização é usualmente empregado para designar um tipo de comunicação que não faz parte do sistema mental "ordinário" consciente-inconsciente da pessoa. Esta "outra" fonte de comunicação parece ter ou reivindica ter sido alguém que já viveu nesta Terra, ou um ser de certo modo extraterreno, não-encarnado no sentido físico usual. Outros termos foram utilizados em outras ocasiões ou em ocasiões específicas para designar algumas formas deste fenômeno – incluem "inspiração", "criatividade", "intuição profunda", "mediunidade", "experiência religiosa" e "revelação".

A história da ciência, da matemática, da arte e das realizações intelectuais estão repletas de episódios anedóticos ligados a esse tipo de comunicação, parecendo sobrevir de algum lugar fora do eu usual. As escrituras reveladas, em muitas tradições religiosas, são consideradas como derivadas dessas fontes. É claro que a experiência da canalização, como quer que seja interpretada, afetou profundamente a história da raça humana. No entanto, a ciência teve muito pouco a dizer a respeito do fenômeno, além do fato de admitir que a maioria de seu próprio progresso conceitual parece ter chegado dessa forma. Quando algo desse tipo foi estudado, isso ocorreu – como no caso das personalidades múltiplas – no contexto da patologia.

À medida que tal pesquisa prossegue (como podemos admitir que sucede, agora que sua importância potencial foi amplamente reconhecida), ela nos confronta com uma questão metodológica, ainda mais fundamental que as já aventadas. Ao procurarmos chegar a um entendimento mais profundo da nossa própria consciência, acaso não nos deparamos com perguntas que estão, na verdade, além da ciência, além mesmo de alguma forma futura de evolução científica – *embora não necessariamente além do entendimento humano*?

Suponhamos, por exemplo, que fôssemos obrigados a concluir que em alguns casos de personalidade alternativa, ou canalização, tenha sido contactada uma fonte que em inteligência, conhecimentos e sabedoria parece exceder, em muito, os seres humanos. A tendência a perguntar tudo o que poderia "ser útil" para nossa vida teria, neste caso, de ser refreada, pois tentar explorar essa fonte seria o mesmo que um rato de laboratório tentar fazer experiências com o cientista. Nossa arrogante atitude ocidental de que tudo na natureza está aí para ser explorado para os nossos fins precisa ser substituída por uma postura mais humilde – se pretendemos aprender o que o universo tem a nos ensinar.

Criatividade e saber inconscientes

Já mencionamos como "sabemos" na mente inconsciente muito do que de ordinário não é acessível à mente consciente. Esta "sabedoria" inconsciente representa um aspecto muito mais penetrante da experiência do que, em geral, se admite.

Por exemplo, pesquisas feitas com relação ao treinamento em *biofeedback* demonstraram que "sabemos" inconscientemente como relaxar as tensões musculares, alterar ondas cerebrais, o ritmo cardíaco, a pressão sangüínea, o fluxo sangüíneo e a temperatura da pele – mas que não estamos conscientes desse fato até que seja fornecido o sinal de retorno. Se eu coloco um pequeno termômetro para ver a temperatura da ponta de meu dedo indicador e fixo minha mente em como seria agradável se a temperatura subisse cinco graus, a temperatura sobe! Inconscientemente, eu sei como dilatar os vasos capilares, aumentar o fluxo sangüíneo e aquecer a ponta do dedo. Conscientemente, não tenho a mínima idéia de como fazê-lo. Eu não sabia que sabia, até me ser fornecido o sinal *feedback* da leitura do termômetro. Além disso, uma vez que eu consiga chegar a essa "sensação", posso dispensar o termômetro e aquecer a ponta do dedo sem ele. (As crianças podem fazê-lo com muito mais facilidade que os adultos. Não é raro que uma criancinha, a quem se dissesse que imaginasse estar a temperatura de sua pele muito quente, pudesse aumentá-la de seis a oito graus acima da temperatura sangüínea normal!)

Inconscientemente, "sabemos" como manejar esse extraordinário organismo chamado corpo físico. Sabemos como criar úlceras pépticas ou como aliviá-las; como criar enxaqueca ou como nos livrar da dor; como curar feridas e restaurar o tecido atingido, cicatrizando-o na medida justa. Aparentemente sabemos como proteger a sola dos pés a fim de que não sofram ao andar sobre brasas. Inconscientemente a mulher grávida sabe como criar o feto e como dar início ao processo do parto.

Por meio da mente inconsciente sabemos como gerir uma atividade mental que não podemos desenvolver ou mesmo entender com a mente consciente. Um exemplo diário é o de querer lembrar-se de uma informação armazenada na memória – por exemplo, o nome de uma pessoa. Esforçar-se para isso não adianta: "Vejamos agora: ele começa com P ou com B?" Desistindo momentaneamente, você "faz um pedido" à outra parte da sua mente para que ela descubra o nome. Pouco depois, no meio de uma conversa sobre um tema completamente diferente, eis que desponta o nome! Inconscientemente sabemos, com exatidão, como vasculhar os arquivos da memória, identificar o nome certo em meio a pistas disparatadas e trazer o nome desejado à tona da percepção consciente. Conscientemente, não temos a mínima idéia de como realizar essa proeza.

Esse pode parecer um exemplo muito elementar com relação ao que – quando a missão é mais complexa que a da memória – chamamos de processo criativo. A essência da solução criativa dos problemas e do encaminhamento intuitivo das decisões reside muito, ao que parece, nesse exemplo que demos da memória. Criatividade e intuição são termos que usamos para nos referir àquelas ocasiões em que a mente inconsciente se torna acessível à mente consciente. (Assim também a experiência estética e espiritual.) Algumas vezes existe um "pedido arquivado" esperando pela solução de algum problema específico ou de uma resposta a uma pergunta; outras vezes o produto criativo chega simplesmente sem ter sido solicitado. Mas existe uma parte do inconsciente – uma mente criativa/intuitiva – que sabe como encontrar a solução ou criar o produto final. E a chave da criatividade reside em abrir os canais de acesso a essa mente, em remover as barreiras, em vencer a resistência.

Nesse drama de criatividade interna existem pelo menos três atores: a mente consciente, que quer saber; a mente intuitiva/criativa, que sabe; e ainda outra parte do inconsciente que, por qualquer razão, opta por bloquear no todo ou em parte esse acesso. (Há não muito tempo, teria sido considerado, do ponto de vista científico, uma ingenuidade falar assim, mas a experiência da mente fragmentada, com diferentes partes "escolhendo" objetivos contraditórios, é citada freqüentemente na literatura contemporânea sobre criatividade.) Uma das técnicas mais eficazes para vencer a resistência e liberar as qualidades criativas é a da afirmação (expressão da crença em si mesmo) e a do interior imaginário.

Afirmação e imaginário interior

A reprogramação das crenças inconscientes que bloqueiam a mais plena percepção das nossas capacidades criativas/intuitivas depende de uma característica-chave da mente inconsciente, a saber: *ela responde ao que é vivamente imaginado, como se fosse, na essência, uma experiência real.* Assim, para fazer uma revisão das crenças inconscientes, precisamos apenas imaginar vivamente novas crenças, e elas tenderão a se tornar "verdadeiras". Devido ao fato de as crenças inconscientes terem sido reexperimentadas ou reafirmadas repetidamente durante um longo lapso de tempo, as crenças e/ou imagens substitutivas precisam também ser apresentadas reiteradamente durante um certo período de tempo, de preferência em estado de profundo relaxamento, quando os portais do inconsciente estão mais abertos. Esse princípio básico vem concretizado numa série de seminários e atividades além de técnicas de ensino, destinadas a aumentar a eficiência e a soltar a intuição e a criatividade.

Existem muitas aplicações práticas do princípio de que o que afirmamos e programamos no nosso sistema de crenças inconscientes tendemos a realizar de forma sutil. Quando determinamos e afirmamos uma intenção ou uma meta, imaginando que já a alcançamos, a mente inconsciente é programada para conquistar essa meta, mesmo de uma forma que a parte consciente não planeje nem entenda. Os técnicos, por exemplo, treinam os atletas a imaginar um desempenho de campeão. Os médicos treinam os pacientes de câncer a curar-se a si mesmos, fazendo-os imaginar o funcionamento do sistema imunológico, livrando o corpo das células cancerosas. Os executivos da área empresarial aprendem a afirmar que os objetivos almejados já foram alcançados. O princípio básico tem sido, há muito, uma idéia central fundamentada nos profundos conhecimentos esotéricos das tradições espirituais do mundo. A formulação mais conhecida da tradição cristã encontra-se em Marcos 11:24: "Tudo o que pedirdes na oração, crede que o havereis de conseguir e que o obtereis."

Na prática, o processo de transformar as crenças mantidas inconscientemente pode não ser tão fácil como parece aqui. Como vimos antes, inclinamo-nos a mostrar resistência quando deparamos com informações ou experiências que ameaçariam o sistema inconsciente de crenças. Uma pessoa hipnotizada oferecerá justificativas fantásticas para negar evidências que conflitem com o quadro que concordou em perceber, ou para explicar por que o comportamento dirigido por uma sugestão pós-hipnótica (isto é, o comportamento em resposta a uma sugestão do hipnotizador, que o sujeito não lembra qual é, suscitada por um sinal do qual o sujeito não está consciente) é um comportamento real e perfeitamente razoável. O fenômeno da negação é comum na psicoterapia; o analisado na verdade deixará de ver o que está claro a qualquer observador, porque ver seria por demais ameaçador.

O psicólogo Abraham Maslow discorreu, de forma muito convincente, a este respeito num capítulo da sua obra *Toward a Psychology of Being*, intitulado ''Da necessidade de saber e o medo de saber''. Notou que todos nós, quando se trata de conhecer a nós mesmos, somos ambivalentes. Podemos tentar conscientemente usar afirmações para reprogramar o inconsciente, e depois, devido à resistência interior, ''esquecer'' de fazer os exercícios. Queremos saber em que ponto estamos enganando a nós mesmos mas, ao mesmo tempo, faríamos o máximo para evitar descobri-lo. Na cultura ocidental fomos ensinados, à perfeição, a não confiar em nós mesmos a, em última análise, não acreditar que sabemos *realmente* o que mais desejamos e como resolver nossos conflitos internos. Ensinaram-nos que, por debaixo da fina camada de verniz da mente consciente socializada, escondem-se obscuros desejos animais, hostilidades reprimidas e outros males. Ensinaram-nos a não nos arriscar explorando a mente inconsciente – pelo menos, não sem um psiquiatra ao lado, para evitar problemas. E, assim, temos medo de conhecer o assustador e o insípido de nós mesmos. Mas, como Maslow ressalta: ''Encontramos um outro tipo de resistência na negação do nosso melhor lado, dos nossos talentos, dos nossos melhores impulsos, das nossas mais altas potencialidades, da nossa criatividade... Somos ambivalentes precisamente com relação ao divino que existe dentro de nós; fascinados, temerosos, motivados e na defensiva contra essa divindade.''

Os limites da criatividade

Quais são então os limites da mente criativa/intuitiva? O que é possível? Já indicamos que os limites vivenciados constituem uma função das crenças inconscientes da pessoa. Se não há no próprio sistema de crenças pessoais razão para esperar uma extraordinária atuação por parte da mente criativa inconsciente, essa presunção pode limitar o desempenho observado. Ou, invertendo essa observação: é testemunho continuamente repetido, por executivos bem-sucedidos e por outras pessoas criativas, que quanto mais usamos a mente intuitiva/criativa, quanto mais fé demonstramos ao nos voltarmos a ela em caso de problemas e decisões difíceis, melhor parece ser o seu desempenho. No entanto, a maioria das pessoas, fragilmente conscientes de suas potencialidades, tratam-na como se ela fosse projetada PARA USO SOMENTE EM CASO DE EMERGÊNCIA. Mesmo uma grande parte da literatura existente sobre criatividade nos encoraja a isso – por exemplo, a afirmação assiduamente repetida na literatura que versa sobre criatividade, de que precisamos nos esforçar para tentar primeiro resolver o problema com a mente consciente e absorver uma grande quantidade de informações sobre o problema, antes que a mente criativa, escondida por detrás da cena, comece a atuar. Encara-se como, de certo modo, desonesto, o fato de não se lutar para resolver primeiro o problema com a mente analítica racional, para, somente em caso de desespero, permitir-se apelar para a serva inconsciente. Dessa forma, aqueles que presumivelmente ensinam as "técnicas" da criatividade estão, em muitos casos, ensinando, sem querer, *limitações.*

Surge agora uma pergunta-chave: "Se realmente viermos a aprender que uma mente intuitiva/criativa liberada pode superar em desempenho a mente consciente racional (pelo menos de certa forma), por que não confiar a ela *todos* os problemas e questões?" A resistência a essa idéia parece ser imediata e violenta. Pois, concordar em remover a mente egóica de sua função de porteira, controladora de toda e qualquer pergunta feita ao inconsciente criativo, é ameaçar sua posição de domínio. Concordar em aceitar respostas oriundas da intuição profunda é concordar em *não* guiar as decisões por outros meios – planos, objetivos, ambições, análises lógicas, regras éticas etc. –, todos os meios pelos quais a mente egóica racional mantém controle (e todos os meios que na escola nos ensinaram como sendo o modo correto de pensar). E essa idéia de submissão à intuição profunda parece ser exatamente o que muitas pessoas de sucesso, numa grande variedade de áreas, vieram a adotar.

Então, quais os limites extremos para a criatividade? Não conhecemos a resposta, mas temos algumas pistas fornecidas por um conceito que denominaremos de "espectro da criatividade". Junto à extremidade "inferior" do espectro criativo estão localizadas todas aquelas realizações da mente inconsciente que nos atingem como mundanas e familiares, mal merecendo esse título – como dirigir o carro na estrada enquanto a mente consciente está ocupada com outra coisa, por exemplo. Mais adiante encontram-se os mais reconhecidos fenômenos de problemas com soluções criativas, palpites e critérios intuitivos, criação estética etc. Alguns desses exemplos de criatividade e de soluções criativas de problemas são bastante notáveis – como quando um compositor "ouve" toda uma composição musical com seu "ouvido interior" e tem apenas que passá-la para a pauta, ou um inventor intui a complexa solução de um problema. Mais adiante ainda, já na direção da extremidade superior do espectro, existem exemplos de "escrita automática", na qual o manuscrito parece sair diretamente da mente inconsciente para a mão que escreve, sem passar pela mente consciente. Outros exemplos mais extremos de criatividade parecem envolver pessoas que dispõem de informações inacessíveis por meios comuns (como o diagnóstico de doenças, feito a distância, sem conhecer nem ver o paciente) ou mesmo que produzem efeitos que o nosso entendimento comum da realidade consideraria impossíveis de ocorrer (por exemplo, uma cura anormalmente rápida). Já no "topo" do espectro, podemos pensar nos milagres mais incríveis e na "grande inspiração" das escrituras de algumas das tradições religiosas de "inspiração divina".

Cada pessoa tem alguma familiaridade com fenômenos que ocorrem ao longo desse espectro. Cada pessoa traça uma linha em algum ponto desse espectro e insiste em que, além desse ponto, os fenômenos relatados não merecem credulidade. A marca da credibilidade é colocada em pontos diferentes do espectro dependendo das pessoas ou das sociedades.

O que está sendo descoberto na pesquisa sobre a consciência humana é que a tendência perceptual da sociedade industrial do Ocidente (que inclui sua predileção pela ciência reducionista, objetiva) está, em grande parte, sendo limitada de um modo até recentemente insuspeitado. Quanto mais o espectro da criatividade for explorado, mais se verá que a delimitação entre o "plausível" e "o absurdo" constitui, em grande parte, o marco da nossa resistência. Talvez esse desempenho não seja, afinal, uma função útil. Isso, claro, não significa que devamos acreditar em tudo o que vemos ou ouvimos. Mas significa, na verdade, que não precisamos nos apegar tão tenazmente à nossa crença de que certas coisas não acontecem. Como o filósofo holandês Soren Kierkegaard observou certa vez, existem duas maneiras de sermos enganados: uma é acreditar no que não existe; a outra é recusar a acreditar no que existe.

Repetimos que é de bom alvitre encarar essa situação segundo o ponto de vista vantajoso das três metafísicas acima definidas. Do ponto de vista M-1, a ciência poderá, algum dia, estar apta a explicar "a criatividade comum" em termos de algo como rápidas manipulações computadorizadas, juntamente com algum tipo de aparelho sensor que possa identificar a resposta certa, quando o cérebro-computador girar ao redor do mesmo. Mas, para muito do que segue em direção aos "mais altos" pontos do espectro da criatividade, esta explicação parece bastante duvidosa e, de fato, requer algum esforço para acomodar o conceito de "aparelho sensor".

Encarada sob M-2 ou M-3, a situação pode ser acomodada com menos esforço. Enquanto a criatividade e a intuição permanecerem misteriosas, haverá, pelo menos, a tentação de distorcer a experiência para adequá-la a limitações preconcebidas. E, sobretudo, de acordo com o ponto de vista M-3, *está claro que não existem quaisquer limites para a mente humana senão aqueles nos quais acreditamos.*

A "sabedoria perene" na religião

Discorremos anteriormente sobre o poder da afirmação e do interior imaginário, tal como é ensinado em seminários e em atividades afins, e que tem sido cada vez mais aceito pelo mundo dos negócios como valioso para o desenvolvimento do pessoal executivo. Embora as técnicas variem um tanto de um caso para outro, o princípio, em essência, é simples e direto. Ensina-se a pessoa a imaginar o sucesso, a criar uma visão que possa, de qualquer forma, ser significativa para ela – e, portanto, motivar o sucesso. Esse ato imaginário deve ser realizado de maneira disciplinada, um certo número de vezes por dia, e todo dia, durante semanas ou meses. Nesse processo, ligado muito de perto à auto-hipnose, estar em estado de profundo relaxamento ajuda muito quando a consecução do objetivo é afirmada ou imaginada.

Grande parte do seminário é dedicada a persuadir a pessoa a acreditar o bastante para dar ao processo uma boa chance de sucesso. O indivíduo é encorajado a não assumir nenhum limite com relação a qualquer tipo de meta que possa ser atingida, ou quanto ao modo de atingi-la. Podem existir limites, mas quando se acredita em limites pode-se torná-los reais – sendo ou não isso verdade.

Aplicando o princípio de que a intuição profunda é o nosso melhor juiz quanto à meta a escolher, alguns desses seminários de treinamento executivo dão um passo à frente. Criaram um jogo entre dois estados ou atividades: um deles determina a meta a ser alcançada, esperando que suas expectativas se concretizem; o outro vasculha a mente profunda para descobrir o que o primeiro almeja *realmente*.

Ambos podem se combinar numa única afirmação, algo assim: *Não tenho outro desejo senão o de conhecer a parte mais profunda do meu Eu, e obedecê-la*. Presumo que o que a parte mais profunda de meu ser deseja é o que "EU" quero. Eu afirmo que não tenho metas, ambições, planos e anseios (isto é, todas as coisas que me ensinaram a querer para "progredir na vida"), porque podem ser apenas invenções da mente egóica para me afastar do que realmente desejo.

Há aqui duas coisas a serem notadas: uma é que, como já foi observado, o mundo dos negócios é eminentemente prático. Se esse enfoque é utilizado, é porque ele funciona, traz resultados. Pouco importa se exista ou não uma teoria a corroborá-lo; isso pode vir a suceder mais tarde. A segunda observação é a de que existe uma relação entre esta chave do viver efetivo e a sabedoria da velhice. Ambos os aspectos desse enfoque são, na verdade, segredos "esotéricos", conhecidos há milhares de anos e encontrados nas principais tradições espirituais da Terra.

Esses segredos foram esotéricos ou ocultos, não devido a alguma razão intrínseca pela qual tivessem que ficar escondidos, mas porque tendiam a ser antiéticos ou heréticos com relação aos principais sistemas de crenças da sociedade. Isto é: ser conhecido por praticá-los poderia ensejar danos à integridade do praticante (como ser queimado em fogueira ou torturado em algum dos engenhos criativos inventados para sustentar a Inquisição). Encaremos a questão de um outro prisma: se você tivesse descoberto que dá muitíssimo certo viver a sua vida com base numa presunção metafísica M-3, mas vive no seio de uma sociedade do tipo M-1 ou M-2, rigidamente autoritária, cuidado com o que fala acerca da sua descoberta!

Já ressaltamos que a primeira parte dessa sabedoria esotérica vem expressa na tradição cristã, na proposição: "Tudo o que pedirdes em oração, crede que o havereis de conseguir e que o obtereis." A segunda vem também expressa em forma de oração – "Seja feita a Tua vontade" – e não a minha vontade. Isso, sem dúvida, sugere a existência de uma relação a ser considerada em termos de religião.

Um dos mais importantes critérios a que se chegou na segunda metade do século foi o referente às condições requeridas para uma vida significativa e verdadeira. Isso surgiu, em parte, devido às experiências no campo da psicoterapia e, em parte, à pesquisa de religiões comparadas. Como a arte da psicoterapia foi se tornando cada vez mais independente da sua ênfase inicial ligada à patologia, e voltou-se mais a ajudar, do melhor modo possível, as pessoas a encontrar uma forma de funcionar ainda mais efetivamente, a descoberta de recursos interiores bloqueados tornou-se um ponto vital. William James, em sua obra *Varieties of Religious Experience*,* há muito tempo deduzira que a essência da experiência religiosa parecia consistir em que a pessoa identificasse o seu ser real com "a parte embrionária superior de si mesma", e depois "se tornasse consciente de que essa parte superior é co-terminal e contínua com relação a uma cota adicional de qualidade semelhante, operante no universo, além dos limites dessa pessoa, e com a qual ela pode se manter em contato efetivo, de maneira a pular no barco e a se salvar, quando todo o seu ser inferior estiver se esfacelando no naufrágio". A psicoterapia transpessoal havia desvelado um princípio semelhante.

Enquanto isso, no campo das religiões comparadas, uma descoberta profunda e afim havia sido feita. Aldous Huxley foi o primeiro a anunciá-la em 1945 numa obra popular, livre do peso do jargão técnico – *The Perennial Philosophy*.** Foi assim: quando as várias religiões do mundo e da história são estudadas, descobrimos que elas se classificam em dois tipos. Primeiro, cada religião tem uma ou mais formas *exotéricas* ou públicas. Pensamos

---

* *As Variedades da Experiência Religiosa*, Editora Cultrix, São Paulo, 1991.
** *A Filosofia Perene*, Editora Cultrix, São Paulo, 1991.

nestas, usualmente, quando a palavra religião é usada. São caracterizadas pelos seus rituais, pela arquitetura de seus templos, pelos seus textos revelados, e assim por diante. Mas, além disso, cada tradição espiritual tende a ter uma versão *esotérica* ou secreta, conhecida apenas por um círculo fechado, e envolvendo, via de regra, algum tipo de disciplina meditativa. O âmbito das religiões exotéricas é de uma diversidade fantástica. No entanto, todas as tradições esotéricas são essencialmente as mesmas – ou, mais precisamente, parecem estar baseadas em alguma forma de experiência espiritual potencialmente universal. Este cerne comum tem sido muitas vezes denominado de "sabedoria perene".

Essa "sabedoria perene" esotérica das tradições espirituais do mundo não é uma teoria, nem uma hipótese a ser desenvolvida nas formas conhecidas dos tratados científicos e filosóficos. Aldous Huxley diz a respeito: "Nada na nossa experiência cotidiana nos dá muita razão para supor que a mente do homem sensual comum possua, como um de seus componentes, algo que lembre ou que seja idêntico à Realidade substancial do mundo multiforme; no entanto, quando a mente é submetida a certos tratamentos um tanto drásticos, o elemento divino, do qual ela é composta pelo menos em parte, se torna manifesto, não só para a mente em si, mas também por seu reflexo sobre o comportamento exterior, em outras mentes... Somente quando fazemos experiências psicológicas e morais é que podemos descobrir a natureza intrínseca da mente e suas potencialidades. Dentro das circunstâncias normais da vida sensual comum, essas potencialidades da mente permanecem latentes e imanifestas. Para realizá-las, precisamos preencher certas condições e obedecer a certas regras que a experiência demonstrou empiricamente serem válidas." Entre os "tratamentos um tanto drásticos", Huxley cita que podem ser incluídas várias formas de yoga, exercícios de meditação, a busca de visões ascéticas e rituais xamânicos.

Essa "sabedoria perene", que constitui a súmula da experiência de muitos estudiosos do eu profundo durante milhares de anos, representa, sem dúvida, um guia inestimável. Constitui também um princípio compatível com qualquer das tradições religiosas, uma vez que baseado em todas elas; o velho conflito entre o exotérico e o esotérico parece ter perdido alguns de seus esteios. Embora não tenha parecido no passado, a "sabedoria perene" é também, em princípio, compatível com a ciência.

100

A ciência e a "sabedoria perene"

O mundo moderno há muito tinha como certa a existência de uma incompatibilidade fundamental entre ciência e religião. Durante um tempo, ela despontava como uma série de conflitos diretos sobre problemas como a idade da Terra, o significado dos registros de fósseis, a teoria da evolução, a reinterpretação freudiana da alma humana, e assim por diante. A religião parecia perder sempre. Então, à medida que o mundo marchava para o século XX, o conflito serenou e as pessoas inclinaram-se a viver sua vida religiosa independentemente de tudo o que pensassem estar a ciência lhes ditando sobre a natureza da realidade. O preço pago por essa esquizofrenia foi que nem a ciência nem a religião satisfaziam plenamente o desejo de as pessoas *saberem* com absoluta convicção interior. Porém, agora, torna-se claro que, embora possa mesmo existir um conflito entre a ciência positiva e a religião exotérica, dogmática, não existe absolutamente um conflito necessário entre a "sabedoria perene" esotérica e a ciência baseada numa metafísica do tipo M-3.

Podemos tentar ser mais explícitos se considerarmos alguns aspectos da "sabedoria perene" e mostrarmos como a ciência já os está abordando. Mas que não sejamos mal-interpretados. A ciência não provou, e não está nem perto de provar, e provavelmente jamais "provará" essa harmonia interior a que nos referimos pelo nome de "sabedoria perene". A "sabedoria perene", por sua vez, não está, e presumivelmente jamais estará, estruturada de modo a que possa ser testada de uma maneira científica. Ela pode, no entanto, ser ilustrada em uma vida e "provada" através da sua vivência. O melhor conhecimento científico disponível pareceria, no mínimo, não contradizê-la e, no máximo, tentar apoiá-la.

O poeta francês Saint-Exupéry disse: "Verdade não é o demonstrável. Verdade é o inelutável" – aquilo de que não podemos nos eximir. A ciência opera com o demonstrável. A "sabedoria perene" insiste em que o inelutável é encontrado somente através do exame profundo e da identificação com o Eu interior.

Podemos, de um modo geral, evidenciar essa relação entre ciência e "sabedoria perene" destacando seis pontos:

Consciência – De todas as descobertas da moderna psicologia, uma das mais firmemente alicerçadas e a que apresenta implicações mais difundidas, é a de que somente uma pequena parte da nossa atividade mental é consciente. A maior e mais vasta porção encontra-se fora do campo da percepção consciente – no inconsciente. A percepção consciente ordinária pode ser encarada como um estreito "espectro visível" entre o subconsciente (por exemplo, impulsos instintivos, memórias reprimidas, funcionamento automático) e o supraconsciente (por exemplo, imaginação criativa, critério intuitivo, senso estético, sensibilidade espiritual).

Algumas dessas atividades que têm lugar fora do âmbito da consciência, por assim dizer, ocorrem no "inconsciente profundo" e delas tomamos conhecimento somente por meio de inferências. Algumas são parcialmente acessíveis à percepção consciente, pelo menos em certos casos (como através dos sonhos, da sugestão hipnótica, do treinamento *biofeedback*, da meditação, do treinamento autógeno). O acesso ao processo inconsciente é facilitado pela atenção dada aos sentimentos, às emoções e ao imaginário interior.

Todo o acima exposto é compatível com a "sabedoria perene", porém essa tradição vai mais além. Ela acha que existe uma mente espiritual/intuitiva/criativa que não é limitada da forma como concebemos que a mente deva ser limitada. O acesso a ela, e mesmo a identificação com o seu centro profundo, pode ser facilitado por meio de várias disciplinas de meditação, com um alcance que, em suma, é ilimitado. Como Ralph Waldo Emerson observou, quando esta outra mente "sopra através do seu intelecto, ela é genialidade; quando atua sobre sua vontade, é virtude; quando flui através da sua afeição, é amor. E a cegueira do intelecto começa quando ele quer ser algo por si mesmo"

Percepção – A percepção é fortemente afetada pelas crenças inconscientes que, por sua vez, são moldadas pela sugestão, pela expectativa, pela influência da autoridade, das crenças culturais etc. Esta conclusão é alicerçada por várias e exaustivas pesquisas clínicas e experimentais e estudos antropológicos. Ver pode ser acreditar, mas o que se vê não é necessariamente o que existe (um dos mais impressionantes exemplos de alteração visual ocorre quando, por meio de sugestão hipnótica, uma pessoa é levada a ver o que não existe). De fato, quando a influência exercida pelo condicionamento inconsciente sobre a percepção é plenamente tomada em consideração, a enunciação mais exata poderia ser "Crer é ver".

Aqui novamente a "sabedoria perene", enquanto compatível com a ciência contemporânea, vai além. Desde a infância estamos literalmente hipnotizados pelo meio cultural a que pertencemos; vemos o mundo segundo o prisma no qual fomos aculturados para vê-lo. A primeira incumbência da vida adulta é a de se livrar desse hipnotismo, é "iluminar-se" – ver a realidade tal qual é e "conhecer-se a si mesmo". Nesse processo, chegamos à conclusão de que nós, por meio de uma mente coletiva, separada da consciência individual, criamos o mundo da experiência ordinária – que então vivenciamos com a mente consciente.

Unidade – Pouco importa se optamos ou não por pensar em termos de "comunicação extra-sensorial": existe um tipo de experiência, conhecido de todos, pelo qual a consciência individual se comunica, num plano mais profundo, com a consciência de outros. Referimo-nos a essa experiência com palavras como "harmonia" e "amor".

Pesquisas sobre comunicação telepática, embora não totalmente convincentes ao cético, reforçam a impressão de que nós, às vezes, sabemos o que está se passando em outras mentes, sem nenhuma ajuda das pistas físico-sensoriais usuais. De fato, esse conhecimento pode não ser acessível à percepção consciente. (Numa dessas experiências, o estímulo dos raios luminosos emanados de um estroboscópio colocado sobre os olhos de uma pessoa produz um componente elétrico no padrão EEG de outra pessoa, isolada, distante, que não mostra nenhum sinal físico e nenhuma percepção consciente do remoto raio luminoso emanado do estroboscópio.)

Na "sabedoria perene", este sentimento de harmonia e de estar-em-comunhão é aplicado ainda em outro sentido. Nos planos superiores da consciência existe a percepção de unidade com o universo e com todas as suas criaturas, de um conhecimento – uma *gnose* – em conexão com o Saber Divino. Pelo fato de serem essas introvisões tão diferentes da experiência comum que nossa linguagem usualmente expressa, elas não são definidas, nem verbalmente comunicadas, com facilidade. Mito e símbolo, paradoxo, metáfora poética constituem meios mais eficientes de traduzir essas introvisões e experiências.

Resistência – Nós, humanos, somos bem conhecidos como ambivalentes quanto ao nosso desejo de autoconhecimento. Não obstante, resistimos a esse conhecimento que tão profundamente desejamos.

Pensamos querer ver a realidade tal qual é, conhecê-la verdadeiramente. Mas nossas ilusões fazem parte de um sistema de crenças inconscientemente mantidas; qualquer ataque a essas ilusões será (inconscientemente) percebido sob a forma de uma ameaça. Assim, um esforço para dissipar a ilusão, embora, em última análise, benéfico, pode entretanto encontrar resistências. Desejamos sinceramente descobrir e transformar em atos nossas mais elevadas capacidades intuitivas mas, na medida em que a remoção das ilusões seja essencial a essa descoberta, resistiremos ao que sinceramente desejamos. (Podemos de fato resistir a isso, usando os mais convincentes argumentos e conceitos "científicos".)

O eu é ameaçado pela existência do Eu real e lança uma série de cortinas de fumaça para bloquear a percepção do verdadeiro Centro. Afinal, para sua integração o ego precisa tornar-se subserviente ao Eu real.

Criatividade – As capacidades intuitivas/criativas operam, à margem da percepção consciente, na solução de problemas, fornecendo respostas às perguntas feitas. Os limites da mente intuitiva/criativa surgem de crenças inconscientes (como "sou indigno e incapaz"; "o fracasso e o ridículo devem ser temidos"). Via de regra, seu desempenho pode ser realçado pela intenção, pela expectativa, pela confiança e crença na eficácia da mente profunda.

A confiança na mente intuitiva/criativa implica desapego dos objetivos da mente racional/analítica.

O mistério da mente criativa/intuitiva é acentuado na "sabedoria perene" que considera a intuição profunda conectada à Mente Universal Una. Dessa forma não existe, na verdade, limite às suas capacidades, a não ser o que o indivíduo cria como parte da resistência que oferece para descobrir suas qualidades divinas. E ainda, devido a essa conexão com o Todo, as soluções de problemas que emanem da intuição profunda serão soluções que beneficiarão a todos, e não apenas a uma pessoa às expensas de todas.

Opção – Cada um de nós, em nossas individualidades naturais, somos fragmentados. Optamos tanto no nível consciente como no inconsciente, e ambos não estão necessariamente em alinhamento. Encarados sob esse ângulo, os mecanismos psicodinâmicos de defesa podem ser considerados como opções inconscientes. A repressão é uma opção para ocultar informações de nós mesmos; negação e resistência são opções para não perceber aquilo que implicaria mudança. Opções feitas via "consciência autoritária", a introjeção das imagens paternas, o superego freudiano, são também opções inconscientes. Por outro lado, a opção pode ser guiada pelo sentido supraconsciente intuitivo, estético ou espiritual. Os valores são os guias da opção já integrada ao modelo cultural ou à personalidade; em geral, possuem um componente inconsciente.

A qualquer pessoa que ainda se encontre em algum estágio de resistência quanto a reconhecer seus dons interiores, a "sabedoria perene" parece representar um passo extremo, espantoso mesmo, quando se trata de orientação e opção. Quando as outras etapas do despertar das faculdades internas estiverem plenamente realizadas, os ensinamentos esotéricos nos convidarão a confiar *todas* as opções à intuição profunda, à "consciência autêntica". Somente dessa forma a pessoa, na verdade, se torna totalmente integrada (uma pessoa íntegra), com a totalidade do seu próprio ser – subconsciente, consciente e supraconsciente – direcionada para as mesmas finalidades. Essa decisão fundamental implica não ter outras ambições, não perseguir outros ideais. Daí a admoestação – "abandone tudo para possuir tudo".

Estas observações não constituem uma amostragem de conclusão incontestável. Elas não significam que a ciência acabará por "provar" a "sabedoria perene".

A ciência parece estar a caminho de provar que grande parte de nossa atividade mental está fora da nossa percepção consciente; que nosso "conhecimento inconsciente" vai mais longe do que poderíamos imaginar; e que nossa "opção inconsciente" apresenta, ao mesmo tempo, aspectos tirânicos e liberadores. Essas descobertas são, pelo menos, compatíveis com a "sabedoria perene" e talvez a extrapolem. Isso sugere que, afinal de contas, ciência e religião não se encontram tão apartadas, mas que são formas complementares do saber – ambas essenciais à conquista dos mais elevados critérios do significado do ser humano.

Rumo a uma ciência mais abrangente

Como vimos, a ciência moderna adotou, numa etapa inicial da sua história, uma posição de objetivismo, positivismo e reducionismo. Por razões práticas e políticas, bem válidas à época, o empreendimento científico caracterizou-se por três pressupostos que quase se tornaram sinônimos de "método científico":

- o pressuposto *objetivista* de que existe um universo objetivo que pode ser explorado pelos métodos da inquirição científica, aos quais podemos chegar de uma forma progressiva e, mais precisamente, por meio de modelos quantitativos;
- o pressuposto *positivista* de que o que é cientificamente "real" deve escolher, como seus dados básicos, somente o que é fisicamente observável; e
- o pressuposto *reducionista* de que a explanação científica consiste em explicar os fenômenos complexos em razão de seus eventos mais elementares (por exemplo, a temperatura e a pressão dos gases em termos dos movimentos de suas moléculas; o comportamento humano em termos de estímulos e respostas).

Essas características pareceram integrar de tal forma o método científico que é difícil imaginar que poderiam um dia ser destronadas. No entanto, os dados de faculdades excepcionais e de "empirismo interior" das tradições espirituais esotéricas as desafiam de uma forma a suscitar um importante avanço revolucionário.

A ciência conta com uma longa história de defesa de seus baluartes contra relatos persistentes de experiências e fenômenos que "não se enquadram" – como os espirituais e religiosos, os excepcionalmente criativos e intuitivos, os "miraculosos" – nas curas e regenerações, nos padrões paranormais, nos padrões ditados pelo instinto e motivados, aparentemente, pela Teleologia etc. Porém, esses esforços defensivos têm sido, ao que tudo indica, freqüentemente infrutíferos e divergentes.

Ficamos a imaginar se não nos deixamos prender no atoleiro de nossos dogmas. Não existe uma maneira de escapar destes dilemas sem sacrificar algo do rigor intelectual, do espírito aberto da indagação e da validação pública do conhecimento que caracterizam o melhor da ciência?

Suponhamos que, ao contrário da posição adotada, devido à história e às circunstâncias, a ciência optasse por um enfoque diferente, a saber, *presumir a validade de qualquer tipo de experiência ou faculdade extraordinária do homem, consistentemente relatada através dos tempos ou das culturas, e adaptar a ciência de forma a acomodar todo o conjunto.* Analisemos alguns aspectos dessa ciência abrangente.

Modelos holísticos e causas hierárquicas – Contrastando com a ciência convencional, essa ciência mais abrangente porá mais ênfase em modelos holísticos e se centralizará em torno de alguns conceitos de causas hierarquicamente relacionadas. Ilustremos isso com alguns exemplos simples.

Pode parecer quase óbvio que *o todo seja qualitativamente diferente da soma das partes.* Um composto químico demonstra qualidades bem diferentes das qualidades de qualquer um de seus ingredientes considerados separadamente. Um sistema ecológico possui características de cuja existência não suspeitaríamos pelo simples exame dos organismos que o formam. Uma cultura apresenta características que não se consubstanciam simplesmente na soma do comportamento dos indivíduos que a compõem. O corpo humano não consiste simplesmente na soma de seus órgãos e tecidos.

No entanto, esse princípio básico contém implicações ligadas a modelos causais que ainda não foram apreciadas no decurso da história da ciência; essa falta de apreciação conduziu a amargas dissensões. *Se as características surgem em níveis de sistemas mais elevados, qualitativamente diferentes das de nível inferior, então as ciências apropriadas a cada nível de sistema serão qualitativamente diferentes.* A ciência das células é qualitativamente diferente da ciência dos organismos, que por sua vez difere da ciência dos sistemas ecológicos.

Um simples prolongamento deste princípio nos conduz ao conceito de uma hierarquia de "explanações" complementares e reciprocamente não-contraditórias para o mesmo fenômeno. Os fatores que participam dessa explanação em um dado nível de complexidade sistêmica podem nada significar em outro nível. Assim, em um nível da hierarquia de sistemas, uma decisão consciente, no sentido de agir, pode constituir parte da explanação, enquanto que em outro nível podemos apreender somente forças físicas, não-volitivas.

Por exemplo, suponhamos que eu contraia uma gripe. Num nível de explanação podemos dizer que um "vírus" seja o "causador" da gripe. Porém vírus, bactérias e uma ampla variedade de outros microorganismos habitam o espaço conhecido como "meu corpo" durante todo o tempo. Alguns são benéficos, como as bactérias dos intestinos, tão essenciais ao processo digestivo. Se incluirmos nesse cômputo as células corporais, sou "realmente" uma vasta comunidade ecológica de microorganismos que existem em estado de amplo equilíbrio cooperativo, na maior parte do tempo. Se essa ecologia se desequilibrar, talvez depois de eu ter apanhado uma friagem, então dizemos que contraí um certo tipo de doença, caracterizado por esse desequilíbrio. Coloquemos de outra forma: o funcionamento do sistema imunológico do corpo – que afinal de contas é conseqüência das ações de uma grande quantidade de microorganismos "amigos", células-T e outros semelhantes – é prejudicado, e por isso pegamos gripe. Esse é outro nível de explanação.

Num outro nível ainda de explanação podemos observar que a razão que levou a ecologia dos microorganismos corporais a se desequilibrar foi algo denominado *stress*. O *stress* é uma resposta psicológica ao meio, tanto que várias secreções glandulares aumentam e o corpo fica pronto para "lutar ou fugir". O *stress* repetido ou continuado, em situações em que fugir seria feio e a luta física inadmissível, pode resultar num mau funcionamento do sistema imunológico – daí a susceptibilidade aos resfriados.

Estas três explicações, cada uma válida a seu próprio modo, estão situadas em níveis diferentes, numa certa espécie de hierarquia. Partindo da primeira para a segunda e para a terceira, ocorre um aumento progressivo na quantidade do universo incluído no sistema sob consideração. Além disso, os agentes causais diferem de acordo com os níveis. Em um nível pode ser o vírus da gripe; noutro, a condição do sistema imunológico do corpo; num terceiro, atitudes relacionadas com a casa ou com o trabalho, que provocam a condição estressante. Estes agentes causais vão se tornando progressivamente menos físicos e mais abstratos. Notem que as causas abstratas nem por isso são menos "científicas" que as outras; apenas acontecem em níveis diferentes da hierarquia.

Num estágio menos sofisticado da ciência, houve uma tendência a considerar o nível da causalidade física como sendo de certa forma mais "real" que os níveis mais abstratos (positivismo). Assim, por exemplo, houve uma considerável resistência inicial à idéia de doença psicossomática, ou à idéia de que emoções positivas pudessem exercer um efeito salutar sobre o sistema imunológico corporal. Além do mais, "a explanação científica" tendia a implicar uma interpretação em nível de causação física (reducionismo). Dessa forma, as causas teleológicas (explicações envolvendo propósitos) foram eliminadas. Uma reação do braço a um estímulo externo poderia ser considerada cientificamente, porém um movimento do braço *com o propósito de alcançar um objeto desejado* não o seria. Fica cada vez mais clara a necessidade de estender a ciência, de alguma forma, para além das restrições desta predileção pelo nível físico.

A estruturação hierárquica da ciência – Examinemos um desses esquemas destinados a estruturar o conhecimento científico de uma forma hierárquica – não como um novo conceito da filosofia da ciência (ver Popper, 1977), mas como um conceito nunca levado a sério pelos cientistas das principais correntes de pensamento no passado.

Imaginemos uma estante cujas prateleiras estejam rotuladas de baixo para cima: "Ciências Físicas", "Ciências da Vida", "Ciências Humanas" e "Ciências Espirituais". Os volumes colocados na prateleira referente a "Ciências Físicas" tratam das ciências físicas, mais ou menos na sua forma atual. Nos volumes colocados na prateleira referente às "Ciências da Vida" encontramos exposições sobre ciências biológicas e saúde. Nesse ponto, entretanto, já encontramos conceitos holísticos como "organismo", e conceitos teleológicos como "função", estranhos às discussões suscitadas pela prateleira inferior. Os assuntos suscitados pelas "Ciências Humanas", situadas na terceira prateleira, contêm conceitos ainda mais holísticos e abstratos como "saúde pessoal", "personalidade" e "propósito individual". A quarta prateleira rotulada como a das "Ciências Espirituais" (necessária, se a profunda experiência subjetiva de místicos, profetas, artistas e poetas sem conta, através dos tempos, deva ser respeitada) trata do suprapessoal. Aqui vemos discutidos conceitos talvez ainda mais abstratos, como o de "propósito universal". (O diagrama mostra como os tópicos referentes a cuidados com a saúde e evolução podem envolver conceitos qualitativamente diferentes quando considerados do ponto de vista destes quatro níveis.)

Quatro níveis de modelos e explanações

Nível	Exemplo de Saúde	Exemplo de Evolução
4. Ciências Espirituais	Saúde espiritual; integridade	Propósito universal
3. Ciências Humanas	Saúde biológica individual	Propósito individual
2. Ciências da Vida	Função orgânica; doença	Função do sistema; seleção natural
1. Ciências Físicas	Ritmo do metabolismo; temperatura do corpo	Biologia molecular; mutação; características físicas

Está claro que uma ciência de "nível 1", extensiva ao mundo físico, já existe. Nas ciências da vida e na teoria psiquiátrica existem fragmentos de uma ciência de "nível 2", que repudia as reivindicações de alguns biólogos moleculares de que todo comportamento é, em última análise, explicado pelos genes. Quanto à ciência de "nível 3", a psicologia e a sociologia humanísticas são ainda mais fragmentárias. No quarto nível deparamos com tentativas como psicologia transpessoal e psicologia budista tibetana.

O condicionamento comportamental parece enquadrar-se comodamente no nível 2, enquanto volição, intenção, compreensão e atenção são conceitos de nível 3; valores e significados podem ser considerados em termos de conceitos de nível 4. A "hipótese Gaia" de James Lovelock considera a Terra como um organismo auto-regulador; na sua forma mais amplamente aceita, trata-se de um conceito de nível 2, mas algumas pessoas atribuem a consciência do planeta a uma hipótese de nível 4.

110

Na biologia sistemática, ciência de nível 2, a qualidade do conhecimento torna-se importante no reconhecimento das espécies. A empatia pode ser uma característica desejável do cientista de nível 3. No nível 4 deparamos com o problema de um número limitado de observadores qualificados (qualificados em termos de seu próprio desenvolvimento interior) e tem sido extremamente difícil evitar as ciladas do dogma e do culto.

Outras características de uma ciência hierarquicamente estruturada – Precisamos examinar uma série de outras características dessa ciência hierarquicamente estruturada.

Perguntas feitas – Perguntas que não sejam apropriadas dentro do nível de um determinado padrão *podem, no entretanto, encaixar-se em outro*. Assim, questões teleológicas não têm lugar no nível da ciência reducionista da realidade física. No nível seguinte, porém, cabe indagar sobre a função do sistema imunológico do corpo, ou dos apurados padrões instintivos do comportamento animal. No terceiro nível, a volição pode ser aceitável como fator causal, e a personalidade constituir uma elaboração significativa; podemos inquirir a respeito do significado dos atos pessoais e dos padrões habituais. Em nível espiritual ou suprapessoal, questões a respeito de "outros tipos de consciência", alcançada em estados de meditação, e a respeito de orientação de escolhas por meio de algum tipo de intuição profunda, podem ser significativas.

Antigamente os cientistas eram da opinião de que questões teleológicas ou questões centradas em valores não eram apropriadas à ciência. De fato, elas foram sempre desenvolvidas em algumas áreas, como na área da ciência da saúde. Uma pergunta sobre a função de alguma parte do sistema regulador do corpo é teleológica e, sem dúvida alguma, uma pergunta sobre o que conduz à saúde está centrada num valor.

Aos que ainda perguntam se esses tipos de indagações são apropriados à ciência, podemos responder com a pergunta: "Se não à ciência, então a quê?" Não existe nenhuma outra instância na sociedade moderna com o prestígio da ciência para receber essas importantes indagações.

Modelos e metáforas – Os modelos e metáforas usados num dado nível explanatório podem ser, obviamente, inadequados em outro. As metáforas holísticas apropriadas à consideração da personalidade humana são "imateriais" e não aparecem no nível físico; por outro lado, as explicações atomísticas dos processos orgânicos no plano físico desconsideram a essência do que está sendo estudado em níveis mais elevados.

É preciso que se note que não há necessidade de reivindicar exclusividade quanto ao nível que seria, em última análise, "real". Os físicos lideram o caminho do reconhecimento de que a realidade é muito rica para ser plenamente expressa por meio de um modelo, de uma teoria, metáfora ou equação. Os modelos ondulatórios não invalidam os modelos atômicos, e vice-versa; as duas metáforas são *complementares*, não contraditórias. Do mesmo modo, uma explanação do comportamento humano em termos da filosofia de vida adotada não contradiz, pelo contrário, complementa, uma explanação em termos de desejos reprimidos e respostas condicionadas.

Um cientista pode comportar-se profissionalmente como se o nível físico descrevesse o que é "real". Outro cientista (ou, nesse caso, o mesmo) pode conduzir sua vida pessoal como se somente o nível suprapessoal da mente e do espírito apontasse para o que é, em última análise, real. No caso, não existe contradição, e a pessoa não vem a se transformar numa personalidade esquizóide pelo fato de sustentar ambos os pontos de vista ao mesmo tempo. Na verdade, uma pessoa pode ser um cientista melhor se não tiver que lutar tão veementemente para defender o positivismo e o reducionismo apropriados ao nível físico.

Existem, claro, aberrações que devem ser evitadas, oriundas do fato de se adotar uma posição muito extremada. A posição extrema, positivista-reducionista, exige que se negue a realidade da experiência mais imediata, tal como a da atenção e a da volição. A posição suprapessoal extrema pode resultar numa pessoa incapaz, pelo fato de não se apoiar em bases reais.

Metodologia – A metodologia usada é a apropriada a um dado nível e pode ser bem diferente com relação a um determinado nível de explanação. A experiência rigidamente controlada e a expectativa da rigorosa confiabilidade nos resultados experimentais são apropriadas ao nível físico e, de forma mais limitada, ao nível orgânico. Mesmo nesses níveis pode haver intromissões resultantes do observador, compreensíveis num nível mais elevado, porém "anômalas" em níveis mais baixos.

A idéia de que o observador científico não pode ser "objetivo", no sentido de isolar-se completamente dos fenômenos observados, aplica-se até certo ponto a todos os níveis e, sobretudo, aos mais elevados. O que o cientista percebe está em função do condicionamento inconsciente e das sugestões prévias extraídas do meio. Ademais, como o universo é percebido a partir de níveis mais elevados, os conteúdos e processos da mente do investigador podem afetar a experiência de uma forma não compreensível em níveis explanatórios inferiores.

Esses tipos de considerações tornam-se sobremodo relevantes sempre que a "consciência como realidade causal" constitua um fator significativo do fenômeno que está sendo observado. Eles sugerem que as interpretações estritas da objetividade e da confiabilidade, através da repetição, são inadequadas na pesquisa sobre a experiência subjetiva; e que, se isso for realmente verdade, é preciso que existam outros critérios, semelhantes aos primeiros, mas que *sejam* adequados. Talvez, à medida que a exploração científica dessas áreas se torne mais amadurecida, algo como o ideal budista do "desapego" substituirá sem dúvida o conceito de estrita objetividade, o qual, como já se reconhece bem, não parece mais adequado, mesmo dentro da área relativamente confiável das ciências físicas. E algo como "credibilidade", estabelecida talvez a partir de múltiplos testes imperfeitos, poderá substituir a rigorosa confiabilidade alcançada via repetição.

Tomemos como exemplo a pesquisa sobre personalidades múltiplas discutida anteriormente. É realmente verdade, por mais incrível que essa idéia possa parecer a princípio, que um mesmo corpo possa ser habitado por mais de uma personalidade? Dificilmente este conceito holístico pode ser analisado sem que se entre em interação com a(s) pessoa(s); portanto, a objetividade em qualquer estrito senso é inadequada. No entanto, o ideal de desapego a noções preconcebidas do que pode ou não pode ser, é claramente pertinente. Há não muito tempo, o conceito de uma personalidade alternativa, expressando-se através do mesmo corpo, dependia quase que inteiramente das impressões do psiquiatra. O conceito ganhou credibilidade em anos recentes com a descoberta de que, quando a personalidade muda, várias normas do funcionamento do corpo também mudam (constitui um exemplo marcante o da pessoa que, sendo alérgica em uma de suas personalidades, não o é em outra).

Um outro aspecto metodológico é importante que seja notado. Ao fazer pesquisas que envolvam elevados níveis de explanação, o observador é afetado por suas atividades científicas. Não podemos investigar estados alterados de consciência sem sermos sensibilizados e, por outro lado, modificados durante o processo.

É também o caso de que o desejo de ser transformado constitui uma característica essencial do cientista que atua em níveis mais elevados de investigação. O antropologista cultural, para compreender claramente uma outra cultura que não a sua, precisa permitir que a experiência o transforme a fim de que essa nova cultura seja vista através de novos olhos, não condicionados pela cultura do cientista. O psicoterapeuta, para entender seu cliente com clareza, precisa ter trabalhado suas próprias neuroses que, de outro modo, deformariam a sua percepção. Um cientista que pretendesse pesquisar no quadro que denominamos de "ciência espiritual", teria que estar disposto a passar pelas mudanças que o transformariam num observador competente.

Dados aceitos – Parece claro que a nova ciência, de alguma forma, terá que lidar com relatos subjetivos de uma profunda experiência interior. Quando foi aventada no passado, a idéia foi rejeitada pelos principais membros da comunidade científica. Talvez volte a lume agora, de uma forma mais sofisticada.

No plano da "realidade física", os dados admissíveis se apresentam primeiramente sob a forma de observação física quantificável. No plano orgânico, de certo modo, tipos mais holísticos de observação são importantes, tais como os padrões de comportamento instintivo, ou o funcionamento do sistema digestivo. Auto-relatos de experiências subjetivas, interiores, tornam-se relevantes no plano pessoal e constituem basicamente a única fonte de dados do plano suprapessoal.

Explanações "descendentes" e "ascendentes" – O reducionismo tem sido tão característico da maioria das ciências que pensamos, quase automaticamente, em explanação científica nesses termos. Compreendemos (cientificamente) um fenômeno quando podemos descrevê-lo na linguagem relativa a fenômenos mais elementares. Confere-se prestígio a uma explanação sobre o comportamento de um organismo vivo em termos de respostas a estímulos externos, tensões bioquímicas, estrutura e composição do DNA etc. – em outras palavras, uma explanação *descendente*.

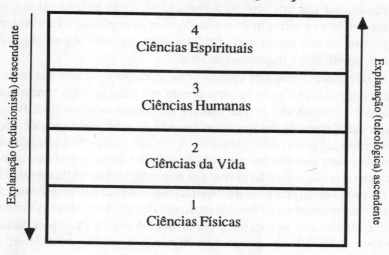

Não obstante, está claro que os cientistas também usam (freqüentemente com relutância) a explanação *ascendente* – explanação em termos de conceitos em planos mais elevados (Sperry, 1987). Por exemplo, quando o sistema imunológico ataca um vírus particular, ele não é encarado apenas como uma complexa reação química; ele só pode ser realmente entendido em termos de que a *função* do sistema imunológico seja a de proteger o organismo contra um mal (conceito de nível 2). Na regeneração da pinça de uma lagosta depois de uma amputação, o complexo processo de reconstrução só pode ser entendido em termos de algum tipo de imagem da constituição completa de uma pinça de lagosta. Para entender um comportamento altruístico é necessário, pelo menos, invocar conceitos de nível 3 e, possivelmente, de nível 4. A explanação teleológica (em termos de propósito ou objetivo) é somente uma forma de explanação ascendente.

É como se, no diagrama ilustrado, a prateleira das ciências físicas e a seta descendente tivessem permanecido em destaque durante todo o decurso da história da ciência. Só em anos bem recentes é que estivemos em condições de considerar com seriedade o completo sistema de conhecimento abrangido pelo resto do diagrama.

Ao mesmo tempo que reconhecemos a validade de ambas as explanações – descendente e ascendente – precisamos notar que o anseio básico pelo significado, por dar um sentido a nossas vidas, tão próprio da condição humana, tende a se sentir mais realizado com as explanações ascendentes. Elas podem ou não ser as mais fundamentais segundo algum argumento racional, porém dão a impressão de sê-lo.

O reenquadramento de controvérsia infrutífera – Uma das mais importantes conseqüências de se vir a pensar em ciência nesta forma hierarquicamente estruturada é que muitas das controvérsias científicas do passado simplesmente desaparecem quando as reenquadramos de acordo com os referidos níveis de explanação. A questão comportamental constitui claramente uma questão gerada pelo fato de um certo grupo de cientistas insistir em que não operarão com o que não esteja no nível da mensurabilidade física. O eterno debate entre "livre-arbítrio *versus* determinismo" seria resolvido simplesmente se fosse reconhecida a existência de dois conceitos complementares que se encaixam em níveis diferentes. Enfoques dualistas equivalem a considerar apenas dois níveis, em vez de considerar, pelo menos, quatro. Curas miraculosas, como as condizentes com os rigorosos critérios estabelecidos pela Comissão Internacional de Saúde de Lourdes, França, podem afinal ser consideradas como enquadradas em nível suprapessoal, não contrariando a utilidade dos níveis físicos e orgânicos da explanação para muitos outros fins. Uma dessas constantes controvérsias tem versado sobre interpretação do fenômeno da *morfogênese*. A morfogênese (literalmente, nascimento da forma) torna-se sobremaneira evidente na cura, na regeneração (restauração de um organismo mutilado) e no crescimento embrionário. Uma forma extrema de regeneração é encontrada em alguns animais muito simples, como a hidra ou a planária, nos quais um fragmento mínimo do organismo pode regenerar um ser completo. No crescimento embrionário, a multiplicação de uma única célula resulta, eventualmente, na formação de um organismo completo, com células muito diversas exercendo funções amplamente diferenciadas. Para explicar o fenômeno, introduziu-se o conceito de uma força vital, peculiar aos organismos vivos, que direciona a forma e o desenvolvimento. O "vitalismo", como se chamou essa idéia, tem sido, de modo geral, muito controvertido na comunidade científica. O termo "campo morfogenético" tem sido empregado desde 1920 para descrever o princípio organizador do processo pelo qual as inúmeras células são guiadas para entrar em combinação, com funções diferenciadas, a fim de produzir um organismo vivo de uma forma particular. (O mesmo termo foi depois empregado por Rupert Sheldrake para abranger os complexos comportamentos instintivos dos animais.) Parece, porém, que não existe uma forma satisfatória de explicar a morfogênese em nível físico; alguns conceitos de níveis mais elevados parecem ter sido requeridos.

Uma controvérsia um tanto parecida surge ligada à evolução (complicada pelo fato de que a cristandade fundamentalista e a Suprema Corte dos Estados Unidos participam do ato). A teoria prevalecente neodarwinista tende a considerar a evolução das espécies de ordem superior como realizada através de mutações fortuitas e de seleção natural. Isso, entretanto, deixa margem a muitas dúvidas, não sendo as menores as apresentadas por estruturas (como a dos dois olhos para a visão binocular) que pareceriam não ter nenhum valor de sobrevivência em algum estágio intermediário, de modo que é difícil imaginar sua evolução realizando-se sob uma forma progressiva de crescimento – como é igualmente difícil imaginá-la dando um súbito salto na linha da transformação. É possível que uma teoria mais adequada ao processo evolutivo incluiria eventualmente tanto o tipo de mecanismo neodarwinista como alguma força diretriz morfogenética de nível mais elevado, algo como uma mente universal (ou pelo menos planetária).

Essa controvérsia não é tão facilmente solucionada. Por exemplo, a astrologia tem se apoiado, durante milhares de anos, em generalizações empíricas, baseadas nas predições dos horóscopos; se algum dia houver uma teoria consistente sobre a influência astrológica, ela obviamente deverá se situar em nível suprapessoal. Repetindo, a destruição no século XVII das crenças nos fenômenos relacionados com a feitiçaria, o xamanismo, o animismo e outros semelhantes, deu-se diante de uma evidência esmagadora atestando a existência dos fatos; novos tipos de explicações aceitáveis poderão muito bem surgir com o tempo, mas isso terá de acontecer a nível pessoal (como o fenômeno da hipnose, por exemplo) ou suprapessoal.

Devemos fazer uma referência especial ao princípio da parcimônia – a idéia de que uma conceituação mais simples e mais estética deve ser preferida a uma mais complexa e elaborada, quando ambas têm a capacidade de acomodar os fatos conhecidos. Este princípio parece ter sido freqüentemente mal empregado outrora, quando foi usado para desautorizar explicações em níveis mais elevados, em prol de um esforço para reinterpretar (ou desautorizar) dados, de forma que a explicação se enquadrasse no plano físico.

Conceitos explanatórios em um dado nível podem ser muito úteis para complementar as explicações primárias de fenômenos ocorrentes em nível diferente. As conceituações no quadro físico, por exemplo, podem acrescentar ricos detalhes aos processos psicossomáticos, nos quais a explicação básica parece situar-se em níveis mais elevados. As conceituações suprapessoais altamente sofisticadas das psicologias budistas tibetanas, por outro lado, podem contribuir com importantes introvisões dos processos nos níveis pessoais e orgânicos.

Um comentário conclusivo

A importância das questões aqui suscitadas dificilmente pode ser superestimada. Isso pode ser demonstrado por meio de uma simples observação. Nós, na sociedade moderna, conferimos tremendo poder e prestígio ao nosso sistema de conhecimento oficial, publicamente validado, a saber, a ciência. Ela ocupa uma posição única; nenhum dos sistemas coexistentes de conhecimento – nem nenhum sistema filosófico ou teológico, nem nenhuma filosofia ou teologia *latu sensu* – ocupa posição comparável. Então, torna-se sumamente importante – e de uma forma sem paralelo – que nossa ciência seja apropriada. *É impossível criar uma sociedade harmônica alicerçada numa base de conhecimentos fundamentalmente inadequada, seriamente deficiente e equivocada quanto a seus pressupostos básicos*. No entanto, é exatamente isso que o mundo moderno está tentando fazer.

Se considerarmos seriamente a implicação de que a ciência ocidental constitui um artefato da sociedade ocidental, baseado em pressupostos implícitos, compatíveis com a perspectiva realista básica dessa sociedade, conclui-se que o primeiro ímpeto, voltado a uma mudança fundamental desses pressupostos implícitos, advirá não da parte dos cientistas, mas do meio cultural. De fato, observamos muitos sinais, no último quarto de século, de que essa força possa estar se amalgamando. De forma que a importância dessa crítica vale tanto para o público em geral como para os cientistas. Tendo isso em mente, nós, deliberadamente, mantivemos essas nossas razões em termos simples e minimizamos a quantidade de detalhes e requisitos de corroboração. O conceito básico é de fácil compreensão e pode ser entendido por não-cientistas. O custo dos conflitos passados entre dogma *versus* dogma, dentro e fora dos limites da ciência, foi muito alto. Não podemos mais arcar com esse ônus. A solução pode consistir em promover algo como os já sugeridos níveis explanatórios hierarquicamente dispostos. Eles seriam, sem dúvida, preferíveis à eterna disputa a respeito dos problemas da evolução, da parapsicologia, do vitalismo, do holismo/reducionismo, da ciência *versus* religião e assim por diante *ad infinitum*.

Terminamos, assim, este capítulo com uma conclusão portadora das mais profundas implicações para todas as sociedades: de fato, parece não haver conflito entre ciência madura e religião madura. O que nós precisamos seriamente descobrir é se dispomos ou não de uma ciência madura, já que esse dilema parece existir.

5

*Pairamos nas fronteiras de...
uma nova era: a era de um mundo
aberto e de um eu capaz de realizar
sua parte nesta ampla esfera...
Cada objetivo que a [humanidade]... alcança provê um novo ponto de partida, e a soma de todos os
dias [da humanidade]... constitui
apenas um começo.*
— Lewis Mumford

Como transformar o macroproblema mundial

Por que essa mudança na metafísica subjacente está ocorrendo agora, no último quartel do século XX? Em parte, sem dúvida, porque a ciência tornou-se mais madura. O reconhecimento de que a ciência tem uma predisposição intrínseca não é tão ameaçador como teria sido há um século – ou mesmo antes. É muito mais fácil aceitar que a experiência subjetiva, interior, tem sido uma área negligenciada, demandando algum novo tipo de enfoque para administrá-la.

Em primeiro lugar, os físicos há muito têm deixado claro que a ciência trata com *modelos* da realidade; portanto, não é tão surpreendente descobrir que um dado modelo não representa adequadamente *todos* os aspectos da realidade. A introdução, por Niels Bohr, do conceito de *complementaridade* na física quântica representou um passo importante nesse processo de maturação. Modelos ondulatórios e modelos de partículas luminosas vieram a ser complementares, em vez de contraditórios, pelo fato de cada um deles representar certos aspectos observáveis do mistério da luz. Assim também poderiam os modelos matéria-energia e os modelos mente-espírito-consciência vir a expressar aspectos complementares do mistério da vida.

A física quântica trouxe outras surpresas adicionais. Segundo uma "experiência mental", idealizada por três físicos e cognominada "Paradoxo de Einstein, Podolsky e Rosen", mais tarde verificada em laboratório, parece que, se duas partículas estiveram em íntima associação e foram posteriormente separadas no espaço, elas permanecerão "unidas", apesar de tudo. Se uma delas for perturbada de certo modo, a outra será *instanta-neamente* afetada. (Essa união, em outras palavras, não depende de um sinal que viaje ou não à velocidade da luz.)

Relacionada com essa experiência, há a demonstração matemática denominada teorema de Bell, que diz, em essência, que tudo o que existe no universo está interligado. Mais especificamente, ele refuta o "princípio das causas locais", que sustenta poder ser um fenômeno explicado em termos de causas ocorrentes na vizinhança mais próxima – o "espaço-tempo". Isto é, não seria de se esperar que os resultados de uma experiência realizada aqui e agora fossem afetados por algo que esteja acontecendo em algum ponto do espaço ou do tempo (ou ambos) do remoto universo. (Por exemplo, não se espera que as imagens da minha mente sejam afetadas porque, do outro lado do continente, uma pessoa amada tenha, neste momento, sofrido um sério acidente de automóvel.) O teorema de Bell refuta essa presunção "lógica". O físico David Bohm é autor de uma teoria mais ampla, a de que não podemos jamais entender a realidade em termos de campos e partículas apenas; precisamos, em última análise, perceber "o todo não fragmentado" de uma forma não reducionista.

Em suma, o supremo triunfo da física reducionista consiste em demonstrar a *necessidade* de um novo paradigma que vá além da ciência reducionista.

Outros fatores não diretamente relacionados com progressos científicos também estão influenciando essa mudança de paradigma. Destes, um dos mais importantes consiste no fato de que, com o desenvolvimento da educação e da cultura na última metade do século, a onipresença da "sabedoria perene" nas tradições espirituais do mundo tem se tornado manifesta e aceita amplamente. (Antes disso, a maioria dos estudos feitos sobre outras religiões, que não o cristianismo e o judaísmo, ligavam-se a curiosidades históricas ou antropológicas e não a registros da experiência humana com os quais pudéssemos aprender.) Não só tornou-se claro agora que a "sabedoria perene" é compatível com todas as tradições espirituais do mundo, uma vez que implantada no coração de todas, como o suposto conflito com a ciência já não é tão real como antes se presumia.

Além dessas razões, a reavaliação contemporânea dos pressupostos básicos é também uma conseqüência da crescente suspeita de que sem algum tipo de mudança fundamental, a moderna sociedade industrial parece estar impossibilitada de resolver os problemas políticos e ecológicos que nos afligem. Não só cada década parece mais sobrecarregada de problemas que a anterior: os problemas parecem estar mais e mais entrelaçados, e as soluções cada vez mais e mais difíceis. A mudança requerida não consiste simplesmente em passar de uma forma de sociedade industrial para outra (como do capitalismo para o socialismo), mas numa mudança radical dos pressupostos básicos subjacentes a ambas as versões da sociedade industrial.

Para ter uma perspectiva recente a respeito dessa última observação, façamos uma pequena experiência mental.

Uma perspectiva diferente

Imagine-se como sendo um antropólogo oriundo de outra civilização – digamos, de um outro planeta – em visita à Terra pela primeira vez. Você logo perceberá, especialmente ao falar com as crianças, que há muita insegurança quanto ao futuro. Em particular, a lamentável presença de dez milhões de armas nucleares, já destinadas a cidades e objetivos pré-selecionados, impõe a percepção, pelo menos em nível inconsciente, de que o mundo está pronto a ir pelos ares. "Qual a razão de toda essa insegurança?" – você indaga. A resposta: "A busca da *segurança* nacional!"

Você observa que a insegurança, em vastas regiões do mundo, assume uma outra forma. A distribuição mundial de alimentos, de renda e de riqueza é extremamente desigual – muito mais desigual que a distribuição de qualquer país considerado individualmente, mesmo em se tratando daqueles que possuem uma ordem política notoriamente injusta. E, no entanto, parece não haver uma proposta viável para corrigir essa situação. Pelo contrário, forças demográficas e econômicas parecem inexoravelmente fazer com que a má distribuição se agrave cada vez mais. O rico "Norte" participa de uma festa que os recursos limitados do mundo sustentam com dificuldades cada vez maiores, enquanto as prolíficas populações do "Sul" empobrecido continuam sujeitas a um ciclo impiedoso de pobreza, de analfabetismo e de grande aumento populacional. A ameaça de "guerras de redistribuição de riquezas", como último recurso, parece cada vez mais iminente. Enquanto isso as duas superpotências lutam entre si, uma temerosa das intenções da outra, mantendo a população da Terra como refém de sua capacidade sem precedentes de destruir todo o planeta.

125

Você descobre mais alguma coisa fundamentalmente estranha a respeito da organização das mais poderosas sociedades do planeta: elas colocam em posições de máximo destaque, como guardiãs dos mais preciosos valores sociais, instituições *econômicas*, em vez de instituições voltadas para a sabedoria, o conhecimento, o aprendizado, a religião! Você não vê nenhuma razão óbvia para acreditar que a lógica e os valores econômicos conduzirão alguma vez a sábias decisões sociais. Curioso, curiosíssimo!

Por exemplo, você descobre que o comportamento louvável é definido pelas instituições líderes como sendo o consumismo econômico, tanto assim que cidadãos, especialmente nos Estados Unidos da América, chamam-se entre si de "amigo consumidor". A frugalidade, outrora virtude incontestável, foi sutilmente desencorajada como sendo prejudicial à economia!

"Por que se requer tanto consumo?" – você indaga. "Para escoar a produção" – informam-lhe. (A corrida armamentista global também tem essa mesma finalidade.) Os indicadores econômicos, como o PIB, que sondam como a sociedade vai reagindo, são essencialmente padrões demonstrativos de quão rapidamente os recursos estão sendo esgotados – convertidos em produtos econômicos. Quanto mais produtos econômicos, mais "saudável" a economia e, por extensão, a sociedade.

"É bom" – você pergunta – "num planeta finito, incentivar a velocidade máxima de consumo de recursos?" "É necessário para criar empregos" – você ouve em resposta – "e para proporcionar poder de compra, de forma a que exista um escoamento de mercado para todos esses produtos econômicos." Você pensa então naquele documento histórico intitulado *Alice no País das Maravilhas*, no qual se diz que alguém tinha que correr só para ficar no mesmo lugar. "Mas esses empregos" – você pergunta – "serão devotados a atividades enobrecedoras: impulsionar o desenvolvimento humano como um todo, embelezar o meio ambiente, cuidar da natureza mundial, promover a virtude?" "Bem, não" – respondem-lhe – "essas coisas tendem a ser um desperdício para a economia, porque são realizadas no setor público. Os empregos produzirão bens e serviços para o mercado – artigos, como jogos de computador e mísseis teleguiados e casas pré-fabricadas e serviços para especuladores financeiros e indústrias do lazer e..." – "Ah! entendo..."

Curioso: Dez milhões de armas nucleares destinadas à segurança nacional; lógica econômica para a tomada de decisões sociais; conhecimento baseado numa ciência que ignora a coragem e a virtude – a mentalidade M-1 trouxe grandes benefícios no passado, mas agora cria problemas mais depressa do que os resolve.

A produção econômica é considerada a base primordial da relação indivíduo-sociedade. A proporção esmagadora de papéis sociais bem aceitos pela sociedade implica participação na produção econômica, em casamento com alguém que tenha emprego ou esteja em vias de obtê-lo. Com os meios modernos de produção industrial, muitos desses papéis deixaram de ter significação e de ser satisfatórios. Além disso, à medida que são alcançados os limites planetários do grande crescimento material e à medida que a racionalização econômica busca uma maior automação e uma produção robotizada, o número de empregos cai consideravelmente com relação ao número de pessoas que os desejam. A sociedade, a essa altura, pergunta a si mesma: "Que atividades construtivas e significativas podem ser desempenhadas, já que a produção econômica não requer o pleno esforço de todos?" Não, ao contrário, há um engajamento generalizado em atividades frenéticas para *aumentar o consumo*!

"Como é que esta sociedade toma suas decisões importantes?" – você indaga. "As escolhas influenciarão a vida das futuras gerações, das pessoas, em todo o globo?" "Através da *análise econômica*", é a resposta. "Os líderes individualistas podem carrear valores pessoais ao tomarem suas primeiras decisões, mas a forma burocrática é a de optar por soluções que levem em conta o custo-benefício ou indicadores econômicos semelhantes." "E como o bem-estar das futuras gerações participa dessa tomada de decisão?" "Os economistas *descontam o futuro* numa porcentagem de 10% ou mais, de forma que a conseqüência para as gerações futuras é o fato de elas não serem levadas em conta, na verdade, nas presentes decisões. (Há muitos anos, antes que a ética se modificasse, havia a tradição de que o fazendeiro devia deixar a terra para a geração seguinte em *melhores condições* do que a que encontrara. Essas noções sentimentais desaparecem diante do "lógico" gerenciamento financeiro, que enfatiza os objetivos imediatos do próximo semestre.)

Você pergunta, ainda, sobre os tipos de decisões suscitadas por esta prevalecente racionalidade econômica. Parece que, por mais lamentável que possa parecer, a sociedade nos Estados Unidos não pode mais arcar com uma boa educação para cada criança. Não tem mais condições de proteger seus cidadãos nas ruas, à noite, nem mesmo de proporcionar a todos eles a assistência médica de que necessitam. Por outro lado, publicidade e embalagens extravagantes, consumo que chega às raias do desperdício, transporte desnecessário, tudo isso conta em termos de Produto Interno Bruto. (Tomemos, por exemplo, a energia requerida para a produção de alimentos – energia para fertilizantes, combustível para o trator, transportes a longas distâncias, embalagem, congelamento, descongelamento, cocção e assim por diante. No final, existe tanta energia combustível fóssil quanto energia solar, presentes numa única mesa. Esta é uma situação que pode ser "eco-

128

nomicamente lógica", mas a longo prazo, sem dúvida alguma, ecologicamente estúpida.)

Os membros dessa sociedade estão orgulhosos por ela ser uma sociedade "de abundância". No entanto, você não pode deixar de notar que essa abundância e afluência ocasionaram novas formas de *escassez* – escassez de recursos naturais, de água e ar puros, de terra arável, de capacidade do meio ambiente em absorver o lixo, de desgaste dos sistemas de sustentação da vida do planeta, de renovação espiritual da própria Terra. Isto é, em parte, uma conseqüência das formas tecnológicas empregadas (como queimar combustível fóssil de preferência às fontes de energia solar, usar materiais não biodegradáveis, substâncias químicas perigosas, práticas agrícolas que empregam grande quantidade de fertilizantes artificiais e pesticidas). A "nova escassez" também está ligada, é claro, ao crescimento populacional, que por sua vez resulta de medidas aperfeiçoadas de saneamento básico e de saúde pública.

Você nota uma outra peculiaridade: temos aqui uma sociedade cujo sistema de conhecimento (ciência) está baseado no positivismo e no reducionismo. Assim, é uma sociedade cujo sistema de conhecimento dominante ignora o altruísmo, a coragem, a virtude, os valores eternos, que conquistou sua posição suprema através de seu sucesso em possibilitar a manipulação do meio físico. De fato, esta sociedade se vangloria da sua capacidade de "controlar a natureza" – que parece a você, como um estranho forasteiro, ser o máximo em matéria de pensamento confuso, uma vez que *você* achava que os seres humanos eram uma parte intrínseca da "natureza".

Não há necessidade de prosseguir. Houve um tempo em que os mais sérios problemas da humanidade eram satisfazer necessidades básicas e vencer as dificuldades apresentadas pelo meio natural. Os mais sérios problemas da sociedade moderna derivam do *sucesso* do paradigma da sociedade industrial. Os horrores da guerra moderna, a espoliação mundial do meio ambiente, a interferência nos sistemas ecológicos que dão sustentação à vida, o progressivo esgotamento dos recursos, fome e pobreza amplamente difundidas, a prevalecência de substâncias danosas, doenças relacionadas com o *stress*, a possibilidade de mudanças climáticas prejudiciais derivadas do aumento do dióxido de carbono na atmosfera são, todos, componentes interligados daquilo que podemos chamar de um único macroproblema mundial. São conseqüências de uma mentalidade estratificada e das posturas e instituições a ela associadas – o paradigma socioindustrial, com sua base metafísica M-1 – que trouxe grandes benefícios no passado, mas que agora cria problemas mais depressa do que os resolve. O macroproblema mundial só será resolvido satisfatoriamente através da mudança fundamental dessa mentalidade.

Origens do macroproblema mundial

Não há necessidade de descrever aqui, em detalhe, o macroproblema mundial. Apenas resumamos, com brevidade, as inter-relações entre três de seus aspectos principais: a pobreza generalizada e a fome, a degradação ambiental e o problema das armas nucleares.

O problema das armas nucleares está em que existem agora, e em que haverá num futuro previsível, um número suficiente de mísseis de longo alcance dotados de ogivas nucleares, espalhados por diversos lugares do mundo e apontados a vários "inimigos", prontos para colocar em perigo a civilização humana, se não a vida do homem sobre o planeta. No momento, a grande maioria deles está armazenada nos Estados Unidos e na ex-União das Repúblicas Socialistas Soviéticas. No entanto, a corrida armamentista entre esses dois países representa apenas a forma atual da crise. A identificação de amigos ou de inimigos ou de aliados tornou-se problemática após as inúmeras mudanças ocorridas nos últimos quartéis do século.

Além disso, entre os países que agora têm ou terão acesso às armas nucleares e biológicas, existem alguns para os quais o mundo atual oferece pouca esperança. Para a grande maioria da população da Terra, o sonho de vir a se tornar uma próspera sociedade altamente consumista (que parece ser o melhor modelo que o mundo industrializado tem a oferecer) está, para sempre, além do seu alcance – como conseqüência, entre outras, do uso incorreto dos recursos do planeta e da depredação ambiental. Mesmo que a taxa de crescimento populacional diminua de uma forma muito mais dramática do que hoje nos pareça possível, a população da Terra continuará a crescer durante décadas, e o rico mundo industrializado – uma fração cada vez menor do todo – será visto com uma inveja e uma hostilidade crescentes pelo resto do globo.

Ao mundo falta a visão de um futuro global viável – O mundo industrializado, tendo perdido o senso dos supremos valores e significados, orienta-se sobretudo pelos indicadores econômicos e financeiros que atuam como pseudovalores. Parte do mundo em desenvolvimento está se arrastando para alcançar o Ocidente; outras partes estão procurando uma alternativa atraente para esquecer suas próprias raízes culturais e adotar a cultura estrangeira do Ocidente. Muitos países do Terceiro Mundo estão engolfados numa corrida armamentista global que parece não ter fim; alguns estão gastando mais com armas tecnicamente sofisticadas do que com saúde, educação e serviços sociais juntos. E alguns vergam ao peso das dívidas, tanto que o pagamento de juros opressivos solapa a capacidade de melhorar seu próprio destino.

A condição ambiental do mundo – apesar das inversões temporárias ou localizadas – piora constantemente rumo à geral deterioração. Grande parte desse processo decorre das atividades econômicas dos países industrializados – chuva ácida, concentrações químicas tóxicas, diminuição e contaminação das nascentes, poluição do meio ambiente. Porém, muito da degradação ambiental é produto da busca desesperada dos pobres por comida, lenha, pastagens e abrigo; tem-se dito muitas vezes que a pobreza é o maior poluidor do planeta.

Ao redor de todo o mundo, a política econômica, social e internacional está sendo implicitamente baseada em alguma imagem de futuro global – algum quadro de como o progresso humano terá lugar nas diversas sociedades, e também de como poupar ou explorar os recursos da Terra e os sistemas de sustentação da vida. Praticamente toda essa política está alicerçada em conceitos de desenvolvimento global que parecem inexoravelmente tomar o rumo de um contínuo e extenso conflito e miséria – devido à grande disparidade entre ricos e pobres; devido às forças que estão afastando os camponeses da terra e levando-os aos cortiços urbanos; devido à violenta ruptura das sociedades causada pelas tentações e pelos imperativos da modernização; devido à devastação das florestas e à poluição da água, à destruição do solo e sua transformação em desertos, e a centenas de outros tipos de espoliação ambiental; devido a riquezas que aparecem subitamente a jorrar de reservas naturais, cobiçadas pelo mundo industrializado; devido a alterações irreversíveis nas espécies animais e vegetais, na composição do solo e no clima. Se essas correntes não se reverterem, conflitos incessantes parecem inevitáveis. Numa era nuclear eles podem ser realmente perigosos.

Este macroproblema tem sua origem em pressupostos básicos, começando pela metafísica M-1. Desde que não existe uma "realidade" relacionada com a experiência interior, os valores transcendentes não contam e prevalecem os valores materiais. Assim, parece razoável que a sociedade seja caracterizada pela racionalização econômica de uma fração cada vez maior de organização e comportamento social. A industrialização da produção dos bens e serviços se estende gradualmente a um número cada vez maior de atividades humanas; cada vez mais, todas elas vão sendo incluídas na economia. Uma conseqüência é a monetização e a comercialização (todas as coisas vindo a ser mensuráveis e adquiríveis em termos de unidades monetárias). A racionalização econômica do conhecimento conduz à "indústria do conhecimento": a uma ciência justificada pela tecnologia que ela produz; a uma educação justificada pelos empregos que ela proporciona. A racionalidade econômica torna-se predominante na tomada de decisões políticas e sociais, mesmo quando as decisões que suscita não sejam sábias segundo outros padrões (tal como o bem-estar das futuras gerações). Soluções tecnológicas são tentadas para problemas de natureza basicamente político-social. O valor das pessoas é avaliado segundo a posição que ocupam na economia. A relação entre o homem e a Terra é essencialmente uma relação de exploração.

A partir desses raciocínios e valores, brotam os componentes do macroproblema, como aliás está bem claro para o nosso imaginário visitante antropólogo. Esta observação não é totalmente nova ou recente.

A conseqüência inevitável de tentar conduzir uma sociedade com base numa metafísica M-1 já era clara a algumas mentes esclarecidas há muito tempo. Um deles era o eminente sociólogo de Harvard, Pitirim Sorokin.

Sorokin estudou o apogeu e a queda das civilizações, na sua obra de quatro volumes *Social and Cultural Dynamics*, escrita entre as duas guerras mundiais, que mais tarde resumiu no livro *The Crisis of Our Age* (1941). Sua conclusão, baseada num impressionante exame dos indicadores culturais e sociais, tão retroativamente quanto pôde encontrar em registros, foi que a sociedade ocidental, como outras antes dela, afundou-se tanto no campo dos valores "sensatos", que precisa, quase que inevitavelmente, retroceder, provavelmente rumo a um melhor equilíbrio entre os valores intrínsecos e os valores extrínsecos. Isto, entretanto, implica uma mudança nos mais profundos níveis das crenças básicas – ou, para usar o termo em voga, mudar o paradigma dominante. Sorokin descreveu os sinais de uma "transformação" iminente, que ele provavelmente não esperava que chegasse tão depressa como parece estar chegando.

O historiador inglês Arnold Toynbee também anteviu um fim prematuro para a era industrial, tal qual a conhecemos. Em seu livro *A Study of*

History, escrito entre 1930 e 1940, ele fez um estudo ainda mais completo sobre a evolução e a involução das civilizações. Foi, de um modo geral, considerado um pessimista no que tangia ao futuro da sociedade industrial. Ele, no entanto, também falou de uma possível "transfiguração" da moderna sociedade para chegar a algum tipo de modelo reespiritualizado.

Lewis Mumford talvez foi, de todos, o mais incurável otimista. Há trinta anos, num pequeno livro intitulado *The Transformations of Man* (1956), descreveu as primeiras transformações da civilização ocidental, que estimou em pouco menos que meia dúzia. Então prosseguiu delineando uma transformação que estava chegando, cujos indícios ainda eram invisíveis a todos, com poucas exceções:

> Toda transformação [humana]... partiu de uma nova base metafísica e ideológica; ou melhor, das comoções e intuições mais profundas, cuja expressão racionalizada assume a forma de uma nova visão do cosmos e da natureza do homem.
>
> ... Pairamos nas fronteiras desta nova era: a era de um mundo aberto e de um eu capaz de desempenhar seu papel nesta ampla esfera. Uma era de renovação, em que o trabalho e o lazer, o estudo e o amor se unirão para criar um novo modelo para cada etapa da vida e uma trajetória mais sublime para a vida como um todo.
>
> ... Ao impelir... a autotransformação [da humanidade] para esse outro estágio, a cultura mundial pode provocar uma nova liberação de energia espiritual capaz de desvelar novas potencialidades, não menos visíveis ao homem atual do que o rádio o foi no mundo físico de há um século, embora sempre presente...
>
> Quem poderia levantar barreiras à emergência do homem ou ao seu poder de ultrapassar suas conquistas provisórias? Até agora não encontramos limites à imaginação, nem às fontes de onde ela pode emanar. Cada objetivo que [a humanidade]... alcança, provê um novo ponto de partida e a soma de todos os dias [da humanidade]... constitui apenas o começo.

Comentários mais atualizados, chegando às mesmas conclusões, podem ser encontrados em diversos livros recentemente publicados. Em *The Third Wave* (1980), Alvin Toffler faz o seguinte resumo: "A despeito do que os partidos e candidatos de hoje possam pregar, a luta entre eles não deixa de ser pouco mais que uma disputa sobre quem irá tirar as maiores vantagens do que resta do moribundo sistema industrial... Enquanto escaramuças políticas de curto-alcance exaurem nossa energia e nossa atenção, uma batalha muito mais profunda já está ocorrendo sob a superfície. De um lado se alinham os partidários do passado industrial; de outro, milhões de indivíduos que reconhecem que os mais urgentes problemas do mundo – alimento, energia, controle de armas, população, pobreza, reservas, ecologia, clima, os problemas dos idosos, o colapso da comunidade urbana, a necessidade de um trabalho gratificante, produtivo – não podem mais encontrar solução dentro do arcabouço da ordem industrial."

O subtítulo da obra de Theodore Roszak, *Person-Planet* (1977), resume uma idéia semelhante: "A Desintegração Criadora da Sociedade Industrial" (e a criação de uma nova). Iguais argumentações podem ser encontradas na obra de Fritjof Capra, *The Turning Point** (1983), e na de Marilyn Ferguson, *The Aquarian Conspiracy* (1980). Esses vários ensaios enfatizam diferentes aspectos de um mesmo tema, isto é, a necessária transformação da sociedade industrial, durante as décadas mais próximas (uma tremenda aceleração em comparação com quaisquer das mudanças revolucionárias ocorridas no passado, devido sobretudo às modernas viagens e à comunicação, que unem o mundo num todo mais coeso).

Dados fornecidos pelos movimentos sociais

Quais são as características relevantes desta nova era pós-moderna? Podemos obter alguns dados observando o que as pessoas parecem estar reivindicando, quando interrompem o suave curso de suas vidas para devotar sua energia a um conjunto de movimentos sociais.

Na década de 1960, uma série de movimentos sociais nasceu e tomou corpo, a partir de processos mais antigos. Houve uma mobilização pela paz, relacionada, porém não idêntica, aos movimentos ocorridos em 1920 e 1930; houve um movimento feminista que estendeu as conquistas do direito de voto das mulheres, à reivindicação de outros direitos, além daquele; a luta ambiental emergente de antigas propostas preservacionistas; um movimento reivindicatório de direitos civis que, de certo modo, constituiu um prolongamento dos movimentos anteriores abolicionistas, populistas e trabalhistas;

---

* *O Ponto de Mutação*, Editora Cultrix, São Paulo, 1986.

e assim por diante. Ouvimos falar bastante de "radicalização"; certas demonstrações e outras atividades foram dirigidas, não tanto para alcançar um objetivo tático, quanto para provocar a "radicalização" das mentes, diminuindo o poder do sistema de crenças naturais consagradas.

Essa radicalização ou mudança de percepção assumiu, primeiro, duas formas. A primeira envolvia a alteração da própria percepção com relação ao que era considerado como características opressivas, arregimentadoras, despersonalizantes, alienantes, estupefacientes, embrutecedoras das modernas instituições sociais. O confronto com as autoridades era deliberadamente montado para, por exemplo, invocar o tipo de "mudança mental" desse confronto. A outra forma de radicalização estava associada a um súbito interesse pela yoga, pela meditação, pelos sistemas filosófico-religiosos do Oriente, pelas psicologias transpessoais, pelas substâncias químicas psicodélicas e outros aspectos semelhantes. Isso implicava mudança de autopercepção, especialmente no reconhecimento, por parte da pessoa, de sua natureza essencialmente espiritual.

Por volta de meados de 1980, o quadro, de certo modo, havia se alterado. O movimento ecológico, o movimento pela paz e o movimento feminista são hoje mais claramente reconhecidos como gotas diferentes de uma única onda de mudança transformadora. Embora exista algum envolvimento estudantil, esses problemas vieram a sensibilizar também cidadãos muito mais maduros. A palavra "radicalização" é raramente usada; foi substituída por "mudança de consciência". Esta mudança de consciência está, em parte, voltada à percepção de como o modelo, como um todo – o paradigma implícito da sociedade industrial do Ocidente – resulta, inexoravelmente, nos tipos de problemas e de dilemas globais que hoje enfrentamos e na compreensão de que esses dilemas só encontram uma solução satisfatória através de uma mudança no paradigma dominante. Está, em parte, voltada para o reconhecimento de que nós, contra a nossa vontade, passamos a ser "acionistas" de um sistema de crenças (no qual a Terra existe para ser explorada, as culturas pré-modernas devem ser superadas, as pessoas que não têm pele branca são inferiores, as mulheres desempenham um papel secundário, as armas nucleares representam "segurança", o consumo desregrado é "bom para a economia", e assim por diante); e que se dá um passo importante quando chegamos à compreensão de que as coisas em que nossa sociedade acredita, sem hesitar, não são necessariamente verdadeiras – que não é necessário ser "avalista" dessas crenças. Está, em parte, dirigida à convicção abalizada de que todas as instituições da sociedade, não importa quão poderosas sejam, extraem sua legitimidade das percepções do povo – o qual, conseqüentemente, tem o poder de mudar essas instituições, desafiando a legitimidade das posturas institucionais prevalecentes. O mais recente componente dessa mudança de consciência está, em especial, voltado ao reconhecimento de que o povo tem o poder de desafiar a legitimidade e a glorificação da guerra como instrumento político de qualquer nação.

Assim, amparado sem dúvida pela consciência de que o planeta está constantemente marchando para pior, o vírus da repercepção tem se espalhado por todo o mundo, pelo menos nesses últimos vinte anos, contagiando primeiro a classe média culta e depois se alastrando para abranger todas as faixas etárias, todas as raças e todas as classes socioeconômicas. As provas são abundantes, na forma de pesquisa de dados, de movimentos sociais, de partidos políticos verdes, vendagem de livros, seminários e outros numerosos indicadores sociais. A fração do número total da população adulta dos Estados Unidos envolvida numa repercepção radical é de, provavelmente, não mais que 5 a 10%, composta, na maioria, de pessoas que passaram por essa mudança no decorrer da última década. Algumas pesquisas mostram cerca de 50% da população esposando valores significantemente diferentes dos que existiam durante o alto surto econômico dos anos 50 e princípios dos anos 60. Mudanças semelhantes são evidentes na Europa setentrional, Canadá, Austrália e, em menor grau, em todos os países industrializados, incluindo os países do Leste Europeu. Uma repercepção complementar pode ser detectada entre um grupo menor de "desenvolvimento alternativo" no Terceiro Mundo.

A fim de caracterizar essa repercepção, podemos identificar cinco aspectos: a busca da integridade, a busca da comunidade e do relacionamento, a busca da identidade, a busca do sentido e o senso de responsabilidade.

A busca da integridade – O mundo, assim como o indivíduo, tornou-se fragmentado. Uma ética tecnológica do "homem controlando a natureza" contribuiu para separar os seres humanos da matriz da vida que os rodeia. Com a ascensão do capitalismo, a economia apartou-se do – e assumiu posição dominante sobre – o resto da sociedade. A constante deterioração do meio e a constante violência contra os sistemas ecológicos naturais foi uma conseqüência. Um senso de alienação, outra. O trabalho de cada um transformou-se em emprego e o emprego separou-se do resto da vida. A religião também tendeu a se tornar algo separado, baseado em premissas diferentes das que pareciam prevalecer nas mais poderosas instituições da sociedade.

Sob formas variadas – movimentos ecológicos, movimentos holísticos de saúde, ênfase dada à qualidade da vida no trabalho, movimentos por uma tecnologia adequada – a percepção está atualmente dizendo que a vida é um todo e que existe algo de errado com uma sociedade que a fragmenta.

Tendo sido educados para ser especialistas e para encarar a complexidade do todo sob a forma de segmentos "manipuláveis", estamos agora diante de uma crise global multifacetada que não será resolvida por nenhum "arranjo" tecnológico ou administrativo. Pelo contrário, alega-se, a solução advirá de alguma visão de um sistema global. Assim como em nível individual uma visão holística da saúde abrange toda a pessoa – corpo, mente e espírito –, em nível planetário, o problema se apresentará com uma solução possível somente por meio de um enfoque holístico.

Um aspecto-chave dessa integridade é a consciência da finidade e da múltipla interconexão do ecossistema do planeta, da inextricável interdependência de todas as comunidades humanas e de sua dependência aos sistemas de sustentação da vida na Terra. Um ponto de vista que veio a ser cognominado de "ecologia profunda" ultrapassa o quadro científico contemporâneo rumo a uma consciência sutil da integridade da vida, da vida como um todo, da interdependência de suas manifestações multiformes e da impossibilidade de reprimir suas tendências à evolução e à transformação.

A busca da comunidade e do relacionamento – Tanto a urbanização como as realidades econômicas modernas – com a maioria dos empregos longe do lar e da vizinhança – provocaram a perda do senso de comunidade. Gigantismo e concentração de poder estão entre os principais fatores dos sentimentos de alienação e de despersonalização da sociedade moderna. Uma reação está tomando a forma de um surto de economia informal, comunidades planejadas, sistemas de *workshops* voltados às relações humanas, terapias em grupo (e outros esforços para relacionar mais profundamente os seres humanos como amigos e companheiros), retorno ao campo, descentralização, artesanato e movimentos em prol de uma tecnologia adequada. Com estes últimos movimentos queremos relatar a adoção de uma tecnologia satisfatória em escala humana e ecológica, e, em geral, "boa" para os seres humanos e para o planeta. Em suma, tecnologias que engrandecem, em vez de rebaixar o ser humano; tecnologias e práticas de perfis *softs* que permitem a renovação das fontes de energia; agricultura regenerativa orgânica com práticas de refertilização do solo e controle natural das pragas; cuidados holísticos com a saúde com ênfase na prevenção e no relacionamento integral com o próprio corpo.

Está se desenvolvendo também um senso de comunidade global e de apreciação da riqueza que representam as diversidades culturais do planeta. A tendência a ignorar culturas competitivas, própria da economia industrial mundial, está sendo reconhecida como demandando correção; uma ecologia de culturas globais constitui a mais desejável das condições, em vez de um mundo subjugado à monocultura industrial do Ocidente.

A busca da identidade – Em reação aos aspectos despersonalizantes da sociedade moderna, surgiu nas sociedades industrializadas um anseio generalizado de identidade pessoal, continuamente manifestado por meio de psicoterapias e seminários realizados nos fins de semana e também, freqüentemente, por um "Ano de Peregrinação" individual. Uma aberração desta tendência manifestou-se como o fenômeno da "Geração Individualista" dos anos 70.

Tendo principiado nos anos 60, vários grupos começaram a resistir à homogeneização a que se inclina a sociedade moderna, com seus mercados e mídias de massa. Alguns desses são grupos étnicos que afirmam suas características próprias – como os canadenses de Quebec, os bascos, os chicanos. Outros caracterizam-se diferentemente, reivindicando o direito de serem eles mesmos e de não se sentirem nem de serem tratados como seres inferiores – os deficientes físicos, os idosos e os homossexuais.

Os dois grupos maiores são formados pelas mulheres e pelo Terceiro Mundo. O movimento feminista lutou primeiramente pela liberação e pela igualdade de seus direitos. Na sua mais recente versão, entretanto, luta contra os aspectos destrutivos da sociedade patriarcal e contra os valores masculinos, competitivos, agressivos, exploradores – ansiando por um equilíbrio entre eles e os valores femininos: maternidade, afeto, cooperação, tradição e consideração pelo ponto de vista da mulher.

Os grupos do Terceiro Mundo estão pugnando para livrar-se de seu sentimento de inferioridade, fruto de gerações de domínio e colonização ocidental. Embora reconhecendo as realizações materiais e administrativas das sociedades ocidentais, eles afirmam e reafirmam os valores de sua própria herança cultural. Assim, enquanto para uma geração pós-Segunda Guerra Mundial o "desenvolvimento" parecia significar desenvolvimento econômico nos moldes dos poderes industriais ocidentais, desde 1970 iniciou-se uma busca por um "desenvolvimento alternativo", mais compatível com as próprias raízes culturais dos povos.

A Busca de um sentido – Este aspecto da repercepção encontrou a sociedade industrial ocidental numa crise de sentido e de valores. Nenhuma necessidade é tão constrangedora como a que todos nós sentimos de que nossas vidas tenham um sentido, um significado. Toleraremos quase todo grau de austeridade ou risco nessa busca indômita do sentido; se falharmos, poderemos até optar pelo suicídio. Depois do "grande desprestígio" da religião, por obra da ciência positivista, reducionista, e depois da descoberta de que o consumo econômico da produção e mesmo as conquistas tecnológicas são insatisfatórias, a sociedade moderna sente um vazio na área dos valores básicos e do sentido da vida.

A falha da ciência positivista e sua inaptidão para gerir o conjunto da experiência humana foram desafiadas pelo interesse, que crescia rapidamente, nos pontos de vista filosóficos e religiosos do Oriente, e por uma vasta série de estudos relativos ao mundo da experiência interior – da yoga e disciplinas de meditação a terapias de confronto e experiências com drogas psicodélicas. Também ocorreu dentro do campo da ciência uma abertura semelhante de interesses, manifestando-se sob a forma de psicologia humanística e transpessoal, estudos de estados alterados de consciência etc.

Existem hoje múltiplos sinais de uma "reespiritualização" da sociedade ocidental, com ênfase na auto-realização, no significado transcendental e no crescimento interior conducente à sabedoria e à compaixão. O quadro é complicado porque um dos fenômenos mais visíveis é o da ascensão dos fundamentalistas evangélico-cristãos – um grupo que parece ter pouco em comum com os adeptos de alguns dos gurus asiáticos de passagem pelo Ocidente. É somente falando em profundidade com essas pessoas que descobrimos, subjacente, um compromisso silencioso, mas em difusão, com um tipo M-3 de percepção metafísica.

Senso de responsabilidade – Uma das mudanças mais surpreendentes ocorridas nas últimas duas décadas foi a de como as pessoas despertaram e se sentiram aptas a assumir a responsabilidade por suas próprias vidas e a transformar a sociedade de acordo com as suas necessidades. Isso aconteceu tanto nos países industrializados como nos países em desenvolvimento. Houve inúmeros problemas tecnológicos (sobretudo desde o movimento de "avaliação tecnológica", por volta de 1969), quando as pessoas afirmaram claramente que, devido às conseqüências potenciais que acarretariam para todo o globo e a seus efeitos sobre as futuras gerações, essas questões eram importantes demais para ser deixadas a cargo de especialistas. Os exemplos eram o SST e ABM, a energia nuclear, a biotecnologia. Quando o povo dos Estados Unidos estava suficientemente conscientizado, pôs efetivamente um ponto final na guerra do Vietnã. Como já observamos, um número cada vez maior de pessoas em todo o mundo está levantando dúvidas quanto à legitimidade das políticas nacionais que consideram a guerra uma opção viável.

Acabamos de verificar que esses dois "grupos majoritários" – as mulheres e o Terceiro Mundo – estão despertando no sentido do seu real valor potencial. Nenhum poder econômico ou político pode se comparar à força de uma mudança de mentalidade – sobretudo de desafio ou de deslegitimação.

Os valores enfáticos do mundo transmoderno

Supondo neste instante que a tese principal deste livro esteja correta, isto é, que no momento presente estamos no meio de uma mudança nos pressupostos metafísicos prevalecentes, partindo de M-1 para M-3, o que isso implica para a sociedade transmoderna (ou transindustrial)? Provavelmente, no mínimo, os seguintes cinco valores estão envolvidos:

- o homem em harmonia com a natureza
- o homem em harmonia com o homem
- a auto-realização individual
- a descentralização e uma ecologia voltada para as diferenças
- a universalização dos problemas mundiais

O homem em harmonia com a natureza – (Usamos a palavra "homem" no sentido de homem/mulher, ou seres humanos; embora, verdade seja dita, a desarmonia deriva, em grande parte, das atividades da espécie masculina.) Segundo a percepção M-3 da realidade, somos unos com a natureza e estamos em harmonia com os processos da vida. Qualquer desarmonia resulta de uma falha de percepção, sendo, portanto, corrigível.

Esta harmonia básica contrasta profundamente com a atitude de exploração da natureza, que é a marca registrada da sociedade industrial. As assim chamadas sociedades primitivas, de um modo geral, tiveram uma relação de maior cooperação e de menor exploração da natureza. Em alguns casos (por exemplo, em muitas tribos de índios americanos) houve sempre uma clara tradição de amor à terra. Existem, portanto, muitos precedentes para a ética ecológica que agora parece estar sendo ditada pelos sérios e crescentes problemas ambientais.

Essa tendência a uma maior harmonia com a natureza está sobrevindo, em parte, devido à ameaça do que poderá nos acontecer se não mudarmos. É fundamentalmente mais um simples corolário dos pressupostos M-3.

O homem em harmonia com o homem – Se todos estamos unidos e se de alguma forma somos um, então qualquer desarmonia que eu possa perceber nas relações humanas afeta também minha própria percepção. Essa nova visão valoriza a comunidade em particular e a cooperação universal, em geral. As instituições estarão mais centradas na pessoa e na não-discriminação de sexo, raça e cultura.

Uma das mais importantes forças formadoras consiste no reequilíbrio das influências masculina e feminina. As mais poderosas forças formadoras do mundo moderno – a ciência reducionista e a tecnologia manipulativa, o empreendimento competitivo, a nação-Estado agressiva – estavam fortemente inclinadas às perspectivas masculinas e patriarcais. Implícita nos pressupostos M-3 está a ênfase na integridade, envolvendo um equilíbrio criativo entre as qualidades masculinas e femininas – entre agressividade e ternura, competição e colaboração, racionalidade e intuição. Riane Eisler, na sua obra *The Chalice and the Blade* (1987), fala dessa mudança como partindo de um modelo "dominador" da sociedade (que tem predominado no Ocidente há cerca de 5000 anos) para um modelo de "participação".

Na escala mundial tem de haver um "grande nivelamento" entre as sociedades ricas e pobres – não apenas em termos de riqueza, mas em termos de eqüidade e de igualdade de oportunidades. O conceito ocidental de desenvolvimento econômico, voltado a uma "sociedade de consumo", desaparecerá em prol de um "desenvolvimento liberador", enfatizando a liberação do espírito e da energia, a autoconfiança, a preservação da diversidade cultural e da identidade, e a reafirmação da história grupal. Haverá uma rejeição progressiva do jugo mental imposto pelo fatalismo, pela autodenegrição e pela submissão a autoridades externas – e uma ênfase crescente na produtividade humana, na autonomia e na cooperação globais. Para que essas condições se tornem possíveis nas diferentes sociedades, precisará haver um remodelamento da ordem internacional, de maneira a compatibilizar os legítimos objetivos tanto dos países desenvolvidos quanto daqueles em desenvolvimento.

Auto-realização individual – A nova ordem deverá ser do tipo que promova um movimento partindo da auto-subordinação (a superiores em hierarquia, a instituições, a nações "avançadas" ou poderosas) para a auto-realização. Especialmente no local de trabalho e no desenvolvimento dos países do Terceiro Mundo, enfatiza-se a grande importância da auto-realização.

A idéia básica aqui envolvida resume-se nos conceitos de "bens deficitários" e de "auto-atualização" ou necessidades do "ser". Parece que as pessoas, cujos bens "deficitários" (alimento, abrigo, agasalho, sexo, pertences, estima) estejam razoavelmente satisfeitos, são então motivadas pela necessidade de "ser". Isso ficou bem claro num *slogan* da contracultura, em fins de 1960: "Nós não queremos ter mais – queremos *ser* mais."

Manifestações dessa índole são encontradas nos países industrializados, sobretudo nos diversos movimentos de liberação (das mulheres, dos idosos, das minorias), nas comunidades planejadas e nos movimentos em prol da autogestão do trabalhador e em prol da "democracia industrial" da Europa setentrional. No Terceiro Mundo essa ênfase é vista com mais clareza na insistência em rejeitar a tradicional conformação com a pobreza e com a exploração (por senhores da terra, pelas classes dominantes, pelos imperialistas). Em ambos os casos, ela visa despertar as pessoas para a compreensão de que o jugo resultou do "conformismo" a uma série de crenças que não precisariam ser aceitas, depois de terem sido conscientizadas.

Descentralização e uma ecologia voltada para as diferenças culturais – Existe implícito na nova visão um repúdio às tendências centralizadoras, tanto da produção e do gerenciamento capitalista/socialista, quanto às contínuas tendências de urbanização das sociedades, industrializadas ou em desenvolvimento. O que se preconiza, ao contrário, é a descentralização – da concentração populacional, da comunidade, da agricultura, da administração e do controle, da tecnologia, da produção econômica, da cultura de massa.

A questão da descentralização está especialmente clara no movimento em prol de uma "tecnologia adequada" voltada ao homem e sob o controle do homem.

O valor da diversidade cultural será profundamente apreciado. Assim como uma comunidade ecológica possui o poder de resistência que falta a uma espécie isolada, a população mundial torna-se mais forte quando abarca uma ecologia de culturas cuja diversidade constitui uma fonte de enriquecimento para todos.

A universalização dos problemas mundiais – Coexistindo pacificamente com a característica da descentralização, impõe-se o gerenciamento global dos problemas mundiais, os quais, pela sua própria natureza, dizem respeito a toda população da Terra. Eles incluem o uso cuidadoso dos oceanos e da atmosfera, a partilha e o consumo moderado de reservas não-renováveis e de algumas renováveis, o controle de armas capazes de destruição em massa e o controle da difusão de produtos químicos nocivos.

Símbolo de um novo relacionamento com a Terra

Uma das arenas críticas na qual a mudança se mostra ao mesmo tempo urgente e imperativa é a das atitudes com relação ao planeta Terra. Ao se considerar como óbvio que o abuso que o homem moderno faz do meio ambiente vincula-se à idéia dominante do nosso relacionamento com o planeta em que vivemos, fica interessante examinar um conceito científico, recentemente divulgado: de que a Terra, sob muitos aspectos importantes, está viva. Esta é a "hipótese Gaia", que, é preciso reconhecer, tem causado mais impacto até agora no círculo das conferências do que na esfera das ciências.

James E. Lovelock, biólogo inglês e químico especializado em questões atmosféricas, é grandemente responsável pela moderna apresentação da idéia de que nós, seres humanos, não somos apenas grãos de areia viventes sobre uma enorme bola mineral, mas de que *a própria Terra é um organismo vivo*. O ponto central dessa idéia está em que a Terra se auto-regula de forma muito parecida à do corpo humano e de outros organismos vivos. De certo modo, a temperatura, os níveis de oxigenação e outros aspectos da composição da atmosfera e dos oceanos, a acidez do solo, e demais condições ambientais básicas, são mantidas dentro de níveis de tolerância estritos, necessários à preservação da vida. Esses processos reguladores envolvem, por sua vez, a biota – a soma de todas as coisas vivas, incluindo plantas, animais e microorganismos. A Terra demonstra assim que se comporta (excetuando a capacidade reprodutiva) como um verdadeiro organismo – como uma criatura viva. O nome que Lovelock deu a esse organismo é Gaia, o mesmo que os antigos gregos consagravam à sua deusa Terra.

Poderia um planeta, quase todo rochoso e quase todo incandescente ou em fusão, estar realmente vivo? Lovelock sugere que façamos uma comparação com a gigantesca sequóia: ela está viva e, no entanto, 99% dela é lenho morto. Como a Terra, ela tem apenas uma fina lâmina de tecido vivo espalhada pela sua superfície.

Se a Terra é um organismo vivo, ela demonstra ter também *consciência*? Esta é uma pergunta que não pode ser respondida de súbito mas, como foi referido acima, não é para ser ignorada.

Lovelock foi contratado como consultor, em princípios de 1960, pela Administração Nacional da Aeronáutica e do Espaço (NASA), para ajudar a determinar se há vida em Marte. Enquanto outros estavam ocupados desenhando artefatos de pouso para ir verificar o fato *in loco*, Lovelock optou por uma abordagem diferente. Pensou que, na ausência de vida, os gases da atmosfera reagiriam de forma a que o todo atingisse um estado de equilíbrio. A presença de vida na Terra perturba esse equilíbrio porque as plantas, os animais e as bactérias estão continuamente lançando gases e energia no ar. Como é bem sabido, por exemplo, as plantas exalam oxigênio e absorvem gás carbônico, enquanto os animais fazem o contrário; assim, a atmosfera da Terra contém muito mais oxigênio e muito menos gás carbônico do que teria se não fosse habitada por esses tipos especiais de vida. (Marte, por outro lado, não mostra tais sinais de vida.)

A quantidade de oxigênio existente na atmosfera, junto à superfície da Terra, permanece virtualmente constante, em torno de 21% por volume total, a "medida certa" para as formas de vida que evoluíram neste planeta. As próprias formas vitais parecem regular a quantidade de oxigênio para que ela permaneça dentro da "medida certa". Se a proporção caísse, mesmo numa porcentagem mínima, muitos organismos morreriam; no entanto, o excesso de vida vegetal que disso resultaria, tenderia a elevar novamente a quantidade de oxigênio. Por outro lado, se de alguma forma a quantidade de oxigênio subisse para 25%, a Terra pegaria fogo. Isso, sem dúvida, reduziria a vida vegetal e, conseqüentemente, a velocidade de reposição do oxigênio, de forma que a porcentagem tenderia a cair.

A temperatura parece também ser regulada pela biota – nesses mesmos termos. A temperatura normal da superfície da Terra permaneceu entre 10 e 20° centígrados, mesmo durante a Idade do Gelo, e a biota parece ter influído nesse fenômeno. Lovelock explica como isso aconteceu, usando um modelo computadorizado chamado *Daisyworld*. Imaginemos, para simplificar, um mundo no qual a única forma de vida fossem margaridas brancas. A temperatura oscila, dentro desse mundo, entre 10 e 20° – quanto maior a temperatura, mais margaridas.

Mas desde que mais margaridas significariam que uma porção maior da superfície da Terra se cobriria de flores brancas, haveria uma reflexão maior da luz do Sol, causando uma queda de temperatura. Assim se chega ao equilíbrio da temperatura. Acrescentando outras formas de vida ao modelo (como coelhos para comer as margaridas e raposas para comer os coelhos), seguir-se-ia um fenômeno semelhante. O mundo das margaridas demonstra um comportamento regulador de temperatura (homeostase) semelhante à regulação da temperatura do corpo humano.

Outro exemplo: as úmidas florestas tropicais da Terra alteram o clima da circunvizinhança mais próxima, tanto em termos de temperatura como de índice pluviométrico. Como o mundo das margaridas, elas criam o clima local de que precisam para florir. Mas elas também retiram dióxido de carbono da atmosfera. Quando cortadas, ocorre uma elevação do nível de dióxido de carbono na atmosfera (que também aumenta devido à queima maciça de combustíveis fósseis). Através do "efeito-estufa", a camada de dióxido de carbono está provocando uma elevação na temperatura de todo o mundo. Assim, o destino das florestas tropicais afeta o clima numa base global.

A *conexão* entre as nossas decisões e as nossas ações, com relação a toda a Terra, é uma mensagem-chave da hipótese Gaia. Mas outra, igualmente importante, é a do papel de cooperação de todos os organismos no processo evolutivo.

Por exemplo, tomemos o sulfeto dimetílico. Esse produto químico é fabricado em tremendas quantidades pelo fitoplancto, uma microscópica alga marinha. É útil a ela porque, quando jogada à praia, na maré baixa, reduz os efeitos dolorosos que a secagem lhe ocasiona. Mas também desempenha uma parte importante na devolução do enxofre do oceano à terra e na formação das nuvens sobre o mar aberto – parte do "sistema planetário de refrigeração". Ao que parece, outro produto químico fabricado pelas algas, o iodeto metílico, faz parte de um processo semelhante para a reciclagem do iodo, que é um elemento essencial.

Agora, essas e outras incontáveis formas que nas várias partes do sistema global da Terra são necessárias umas às outras, implicam algum tipo de consciência que guie a evolução da vida no planeta? Na ciência dominada pela presunção M-1, a resposta declara que essa dúvida é absurda.

Essa abrangência da idéia Gaia está, por outro lado, implícita na tradição dos índios americanos. Por exemplo: Black Elk cita a seguinte oração dos índios Oglala, da tribo Sioux: "Oh! Mãe-Terra, você é a origem terrena de toda existência. Os frutos que você gera são uma fonte de vida para os povos da Terra. Você está sempre zelando pelos seus frutos, como fazem as mães. Que os passos que sobre ti dermos na vida sejam sagrados e vigorosos."

Alguns dos modernos expoentes da hipótese Gaia tendem a falar do conjunto da humanidade como o "sistema nervoso" da biosfera, órgão através do qual ela se torna consciente. Presumivelmente isso acontece devido às propriedades especiais do cérebro humano.

Está, no entanto, claro que o sentido com que os homens da Antigüidade e os índios americanos vivenciavam a consciência de Gaia é uma coisa totalmente diferente. Essa consciência estava presumivelmente presente antes que existissem os seres humanos ou qualquer outra forma considerada como viva.

Na verdade, não existe base científica para postular a existência dessa consciência-Terra. Por outro lado, integra a forma pela qual a ciência se desenvolveu que, se a Terra de fato possuísse consciência, provavelmente a ciência teria ignorado esse fato.

Uma forma restrita da hipótese Gaia, incluindo aquilo que seria o organismo auto-regulador do comportamento da Terra, parece ter, quase que certamente, conseguido impor-se junto à respeitável ciência. Mesmo sob esse aspecto, parece incontestável que os seres humanos teriam prestado maior atenção aos processos reguladores, no âmbito em que suas atividades incidem sobre eles ou os prejudicam.

Quanto à Terra consistir num organismo dotado de consciência, no que concerne às principais correntes científicas, o veredito ainda está muito distante. No entanto, esse conceito, com suas profundas implicações éticas e ecológicas, não parece, em absoluto, estranho à perspectiva M-3.

Os gregos tinham um nome para isso

Para onde apontam todos esses indicadores? Existem exemplos de sociedades que se basearam numa perspectiva metafísica do tipo M-3?

Existe pelo menos uma que desperta interesse especial – a antiga Grécia. Lewis Mumford tem feito referência ao conceito grego da *paideia* como a coisa mais aproximada ao modelo da sociedade futura. Robert Hutchins, no livro *The Learning Society* (1968), optou pelo mesmo ideal – uma sociedade em que a sabedoria, a realização e a bondade sejam os objetivos primordiais e em que "todas as suas instituições estejam voltadas para esse objetivo". Foi o que os atenienses fizeram... Eles construíram sua sociedade de forma a proporcionar aos seus membros o mais completo desenvolvimento de todas as suas mais sublimes qualidades... A educação não era uma atividade segregada, transmitida durante certas horas, em certas localidades e em certo período da vida... Constituía a aspiração da sociedade... O ateniense era educado pela cultura, pela *paideia*. *Paideia* era a matriz educadora da sociedade; seu tema mais elevado e preponderante, segundo seu principal estudioso, Werner Jaeger, estava na "busca do centro divino" pelo indivíduo.

Não vivemos nos tempos dos antigos gregos, e nós simplesmente não repetiremos o seu modelo. Nossa sociedade pós-moderna pode ter máquinas cibernéticas em vez de escravos, e pode, muito provavelmente, ter uma preocupação deliberada com uma moldagem do futuro que seria incompatível com a cultura grega. Ela também pode emprestar elementos de outras culturas, como a dos índios norte-americanos, para amoldar o seu relacionamento com a Terra. Mas, em um aspecto primordial, é provável que imite os gregos: na idéia de que o autodesenvolvimento e a promoção de um aprendizado que dure toda a vida seja o "projeto central" de uma sociedade que não tenha que despender uma grande parte de seu esforço apenas suprindo as necessidades da vida.

O novo setor dos negócios

Esses sinais de mudanças nos valores, nas atitudes e na percepção causam impacto sobre todos os setores da sociedade. Um destes, o setor dos negócios, merece nossa atenção especial.

Se existe algo de verdadeiro na assertiva de que uma transformação fundamental já está a caminho, devemos constatar sinais desse processo na comunidade dos negócios. Em primeiro lugar, o negócio em si interpenetra toda a sociedade moderna e reflete toda alteração de monta que ocorra em qualquer segmento da mesma. Além do mais, faz parte do negócio ser sensível a mudanças em sua área e a reagir a elas prontamente. A empresa moderna constitui, talvez, a instituição mais adaptável que a humanidade jamais concebeu.

Um destes sinais consiste no crescente acolhimento nos negócios de termos como intuição e criatividade, juntamente com suas implicações. Philip Goldberg, no livro *The Intuitive Edge** (1983), define intuição como "processo de saber, independentemente da intervenção da razão ou da análise". A idéia de chegar à introvisão, sem um processo mental reconhecível, contraria o ideal do "homem racional". (De fato, até recentemente, costumava-se falar sobretudo de "intuição feminina".) Somente na última década, revistas financeiras, como *Fortune* e *Harvard Business Review*, começaram a publicar artigos que se referiam ao uso de palpites e de intuição na tomada de decisões nos negócios. Os cursos de desenvolvimento gerencial estão cada vez mais voltados para o uso de técnicas, como as de afirmação e de interior imaginário para remover barreiras à criatividade e à intuição.

Estudos feitos a respeito do alto desempenho de certas personalidades, nas mais variadas esferas, mostram que as pessoas realizadoras tendem a visualizar os resultados que almejam para suas vidas e seu trabalho, e a afirmar que alcançarão esses objetivos. Elas criam uma intenção clara e consciente de alcançar certos objetivos e, em seguida, permitem que essa intenção, sempre reafirmada, guie suas ações. Em vez de planejarem a natureza de seus desempenhos e o prazo de sua realização, começam por criar uma imagem mental intensamente viva do resultado final. Essa imagem então passa a atuar através da intuição e dos processos mentais inconscientes do indivíduo, à medida que as inúmeras decisões diárias tornam os objetivos cada vez mais próximos.

Charles Kiefer e Peter Senge, num capítulo do livro *Transforming Work* (1984), referem-se ao surgimento de um novo tipo de gerenciamento, baseado em novos pressupostos a respeito da natureza humana e dos

---

* *O Que é Intuição e Como Aplicá-la na Vida Diária*, Editora Cultrix, São Paulo, 1992.

complexos sistemas sociais. As pessoas são encaradas como fundamentalmente boas, honestas, bem-intencionadas e desejosas de contribuir construtivamente para o mundo. A sede desse desejo de contribuição localiza-se no interior das pessoas, e não fora delas; ela nasce mais da consciência que essas pessoas têm da sua relação com o todo do que de um desejo de aprovação por terceiros. Sob esse aspecto, a falha fundamental do gerenciamento tradicional reside no seu fracasso em projetar sistemas sociais em que essas características individuais possam se desenvolver. Os novos tipos de gerentes inclinam-se a considerar a inutilidade de tentar controlar sistemas complexos numa relação de cima para baixo. Pelo contrário, preocupam-se com propiciar condições que favoreçam o indivíduo na realização da sua própria criatividade latente, desenvolvendo unidades comerciais plenamente independentes nas quais a iniciativa e a administração locais possam operar dentro da mais ampla autonomia possível.

As organizações que adotaram esse novo tipo de gerenciamento caracterizam-se por:

- Um senso forte e profundo de propósito e por uma visão de futuro
- Um alto grau de adesão de seus membros, em todos os níveis, envolvendo compromisso com a visão compartilhada
- Um senso compartilhado de propriedade e de responsabilidade pessoal pela consecução dos objetivos
- Estruturas organizacionais descentralizadas e flexíveis
- Um ambiente que enfatize o crescimento e que dê poderes ao indivíduo como chave do sucesso corporativo

Os grandes líderes do passado tendiam a ser ou autocráticos ou carismáticos; o novo estilo gerencial dá poderes compartilhados. Perry Pascarella, diretor executivo da revista *Industry Week*, escreve no artigo *The New Achievers* (1984):

> Uma revolução silenciosa está ocorrendo... na organização empresarial... Embora estejamos ouvindo cada vez mais a respeito dos esforços das companhias no campo do desenvolvimento dos recursos humanos, talvez nos escape a verdade essencial quanto ao que esteja acontecendo: as pessoas estão despertando para a possibili-

dade de crescimento individual e encontrando oportunidades para alcançá-lo. A construção de uma equipe de que ouvimos falar, é menos importante que o desenvolvimento do indivíduo... O gerenciamento está se orientando para um novo tipo de mentalidade – para uma nova percepção de seu próprio papel e do papel da organização. Vai passando lentamente de uma fase de ânsia de poder para a de outorgar poderes a terceiros, de uma fase de controlar as pessoas para a de possibilitar-lhes serem criativas... À medida que os gerentes introduzem uma mudança fundamental nos valores... a companhia (atravessa) uma reorientação radical rumo a uma maior visão global.

A organização que aspira à excelência e a manter uma equipe conservando os melhores dentre seus membros, está constatando que precisa criar um ambiente de trabalho que fomente o desenvolvimento das pessoas. Essas organizações, de um modo geral, têm um forte senso de visão corporativa, desenvolvido em conjunto, e uma forte coesão em torno desse ponto de vista.

Os líderes do mundo dos negócios são os primeiros verdadeiros cidadãos planetários. Eles têm um potencial e uma responsabilidade internacionais; seus domínios transcendem as fronteiras nacionais. Suas decisões afetam não somente economias, mas sociedades, não apenas os interesses diretos dos negócios, mas os problemas mundiais de pobreza, meio ambiente e segurança. Até o presente não surgiu uma ética adequada para servir-lhes de guia. Embora os referidos executivos e suas organizações englobem uma rede econômica mundial, unindo todo o planeta num destino comum, não existe, dentro desse contexto, uma tradição e a institucionalização de uma filosofia capaz de guiar com sabedoria sua força modeladora.

Como vimos neste capítulo, e veremos nos capítulos subseqüentes, esse novo *ethos*, em matéria de negócios, pode estar em processo de formação. É curioso notar que ele parece estar alinhado, no que diz respeito à realidade, em torno de um pressuposto M-3.

As atividades econômicas do sistema internacional de negócios foram um fator que muito contribuiu para o macroproblema mundial. Mas, por isso mesmo, os negócios internacionais serão o fator-chave da resolução definitiva do macroproblema. Eles cruzam as fronteiras nacionais com muito mais facilidade que as instituições políticas; e a empresa comercial é uma organização muito mais flexível, de muito maior adaptação, que as estruturas

150

burocráticas dos governos e as instituições internacionais voltadas para o setor público.

No próximo capítulo, estudaremos quatro aspectos adicionais do macroproblema: o problema do desemprego crônico e do subemprego; os problemas do desenvolvimento global (incluindo a pobreza, a fome e a deterioração do meio ambiente); a área dos valores e da política e o problema intrincado de busca de uma segurança nacional e internacional numa era nuclear. Estes quatro pontos tornarão mais clara a afirmação feita anteriormente de que, quando mudam os pressupostos subjacentes, tudo muda. Talvez não seja apenas por acaso que tudo parece estar se transformando rumo a uma direção muito promissora.

6

Novus ordo seclorum: *Eis que nasce uma nova era.*

– Virgílio

Aspectos da mudança do sistema mundial

É muito importante compreender que uma mudança num nível tão fundamental de crenças, como vimos considerando, implica uma transformação básica em organizações econômicas, financeiras, políticas, de pesquisas, educacionais e de saúde pública – em todas as mais poderosas instituições da sociedade. À medida que a pressão por essas mudanças vai se tornando mais e mais evidente, é possível que seja acompanhada de uma boa dose de medo. Medo e ansiedade são as causas básicas da ruptura social e da miséria generalizada que, na maioria das vezes, escoltaram essas revolucionárias mudanças no passado. Quanto maior o grau de compreensão sobre o que está acontecendo, menor a ansiedade envolvida.

Para melhor entender quão fundamental é a mudança em questão, examinemos com um pouco mais de profundidade as três áreas específicas em que essa mudança está ocorrendo: as áreas do trabalho, do desenvolvimento e da segurança nacional.

A necessidade de redefinir o trabalho

É possível que não exista nenhum aspecto futuro sobre o qual as pessoas se sintam mais confusas que o papel do trabalho na vida do indivíduo e na sociedade. A razão reside, em parte, no fato de termos falhado em reconhecer as amplas implicações das mudanças sociais e econômicas que têm ocorrido.

Nossas atuais concepções a respeito do trabalho se formaram numa época em que sua função social primária consistia na produção de bens e serviços necessários ou desejados, quando não divisávamos um limite ao desejo coletivo de aumentar a produtividade do trabalhador através do avanço tecnológico. Hoje, no entanto, essas presunções nos conduzem a um dilema fundamental. Por um lado, se a produtividade do trabalho não cresce continuamente num país, a indústria desse país tende a se tornar não-competitiva no mercado internacional. Por outro lado, se a produtividade, ela sim, cresce, a produção econômica precisa crescer (por definição) para manter o mesmo número de empregos. Como vários obstáculos ligados às riquezas naturais, à política, ao meio ambiente e a questões sociais tendem a limitar o crescimento econômico, o desemprego crônico se tornará uma característica intrínseca do futuro. Considerando que este é um pensamento desagradável de enfrentar, os países e os indivíduos têm se inclinado a usar uma lógica tortuosa e ações sutilmente evasivas para não ter de enfrentá-lo.

Esse problema de "pessoas supérfluas" – esses seres humanos marginais que não têm sorte suficiente para estar empregados – torna-se mais sério à medida que a sociedade fica mais altamente industrializada (ou "pós-industrializada"). O reconhecimento desta natureza crônica do desemprego já data de 1930, quando o economista inglês, John Maynard Keynes, advertiu em seu *Essays in Persuasion*:

> Se o problema econômico (a luta pela subsistência) for resolvido, a humanidade se verá privada de sua finalidade tradicional... Assim, pela primeira vez desde sua criação o homem se deparará com seu problema real, permanente – como viver livre de suas prementes preocupações econômicas... Não há país e não há povo, creio, que possa divisar sem medo uma época de lazer e de abundância... Constitui um problema assustador para a pessoa comum, desprovida de talentos especiais, encontrar uma ocupação, sobretudo se já não tem mais raízes no solo ou nos costumes ou nas caras convenções de uma sociedade tradicional.

Pelo fato de que entender a mutação que está se processando no papel desempenhado pelo trabalho é muito importante, empreguemos algum tempo para examinar bem profundamente a história do trabalho dos Estados

Unidos. Embora a história possa ter se desenrolado de uma forma um tanto diferente em outras nações, o que sucedeu nos Estados Unidos exerceu influência em outros países industriais.

A história do trabalho nos Estados Unidos – A doutrina social oitocentista básica da América colonial enfatizava vigorosamente a dignidade do trabalho. Salientava a virtude da aplicação diligente à própria tarefa e prometia que a indústria honesta teria constantes compensações. Os valores representados pela diligência, pela sobriedade e pela parcimônia, características da classe média ascendente da Inglaterra, foram transplantados para a América e vieram a tornar-se uma influência dominante nas colônias. As conquistas tendiam a ser avaliadas em termos de progresso material – a transformação da natureza e o desenvolvimento das artes úteis e da sabedoria.

O engrandecimento pessoal era considerado mais ou menos acidental e impuseram-se interditos contra o desperdício, a extravagância e a ostentação. A mão-de-obra era escassa, o ganho derivado do trabalho individual era alto e as oportunidades para galgar posições mais elevadas, imensas. Acreditava-se que o pobre ocioso atraía pobreza para todos; a pobreza era pintada em cores tão ignominiosas que o homem trabalharia até o limite de suas forças para evitar esse estigma. Se nem todo mundo prosperava na vida, a grande maioria dos homens honestos e trabalhadores abria seu caminho e melhorava sua sorte. Recompensas adicionais da virtude do trabalho derivavam da boa opinião do grupo e da sensação do dever cumprido.

À altura do século XIX, deu-se maior ênfase ao auto-aperfeiçoamento. O homem que se fazia por si, menos movido pela piedade e pela virtude, ainda devia seu progresso ao cultivo dos talentos que lhe haviam sido conferidos por Deus e aos hábitos de diligência, sobriedade, moderação, autodisciplina e não-endividamento. Tendo por meta superar a geração anterior e suprir a próxima, ele preteria a recompensa e vivia para o futuro, poupando e acumulando, pacientemente. A riqueza transformou-se em mais que um fim em si; a diligência compulsiva, a disciplina e a autonegação constituíam os meios para a consecução desse fim. As escolas públicas, à disposição de todos, incutiam nos alunos a disciplina diligente, a autoconfiança, os hábitos ordenados, a pontualidade, o trabalho artístico, a versatilidade e a obediência. Elas proporcionavam treino vocacional e estavam a serviço do recrutamento industrial, da seleção e da obtenção de certificados.

O princípio do século XX evidenciou uma maior carga de *stress* sobre a vontade de vencer. O advento da produção em massa deu origem a uma hierarquia sempre crescente de supervisores e gerentes e a um quadro cada vez maior de pessoal destinado às áreas de engenharia, administração, distribuição e vendas. Os jovens ambiciosos tinham que competir com seus iguais para serem promovidos dentro da estrutura corporativa. Pressupunha-se que as promoções dependiam de força de vontade, de autoconfiança, de energia e iniciativa. O novo *ethos* voltava-se agora para a arte de vender, para a competição, para a busca de riqueza e para o sucesso como um fim em si mesmo. Não havia uma razão aparente para questionar o papel do trabalho tanto na vida do indivíduo como na sociedade. Saltava aos olhos que a pessoa trabalhava para sustentar a si mesma e à sua família. Quanto à sociedade, a presunção de que o papel do trabalho estava na produção industrial, idéia partilhada por economistas, de Adam Smith a Karl Marx, era largamente aceita.

A grande Depressão de 1930 anunciou o fim da escassez de mão-de-obra e o princípio de um medo constante de falta de trabalho e de desemprego crônicos. Essa ansiedade foi posta de lado durante a II Grande Guerra, mas emergiu novamente quando esta se aproximava do fim, e as preocupações quanto a uma situação de desemprego iminente eram expressas da seguinte forma: "O que acontecerá quando a paz irromper?"

Parte de uma suposta solução para esse problema foi encontrada nos argumentos de Keynes, baseados em alguns princípios novos:

1. O consumo em massa é necessário para possibilitar a todos os membros da sociedade o gozo de um alto padrão material de vida; o consumo em massa é também necessário para garantir a produção em massa numa economia industrial.

2. A produção em massa não pode existir ou perdurar senão a par de uma distribuição em massa do poder aquisitivo.

3. O pleno emprego é necessário para criar essa distribuição em massa do poder aquisitivo e gerar prosperidade e bem-estar para todos.

4. É função própria do governo promover o pleno emprego por meio da promoção do consumo em massa e do crescimento econômico, e assegurar que mesmo aqueles situados à margem da participação nos quadros da economia serão atendidos adequadamente por planos de seguridade social.

Assim, por volta de 1950, os Estados Unidos se transformaram numa sociedade de consumo em massa – numa "sociedade descartável", como foram então chamados. As pessoas aprenderam a consumir e a desperdiçar; a "usar e a descartar". Aprenderam que a frugalidade não constituía mais uma virtude de primeira linha; pelo contrário, era prejudicial à economia. O consumo transformou-se na nova ética; as pessoas começaram a chamar-se de "consumistas". Aprenderam sobre o "obsoletismo planejado", sobre a necessidade de substituir as coisas por novos modelos, ou porque os velhos já não prestavam ou porque os novos modelos estavam mais na moda.

Um novo surto econômico ocorreu durante a Guerra Fria e a corrida armamentista global. Especialmente durante o período que sucedeu imediatamente à I Guerra Mundial, os americanos consideravam como altamente anti-ética e imoral a venda de armas para outras nações. Em fins de 1950, a ética havia dado lugar à praticidade e representantes de vendas dos Estados Unidos, uniformizados ou não, insistiam com as nações de todo o mundo no sentido de que elas tinham necessidade de mais armas produzidas com o cunho da alta tecnologia norte-americana.

A partir de 1946 houve várias tentativas de legislar para que o pleno emprego se transformasse em realidade. Os custos sociais do desemprego foram reconhecidos como muito altos. Estar desempregado na moderna sociedade industrial equivalia a sofrer um sério golpe na própria auto-estima. Muitos dados vinculavam o emprego à saúde mental e o desemprego a desordens mentais, alcoolismo, doenças, uso de drogas e crime. Se fosse possível criar oportunidades de trabalho plenas e satisfatórias para todos, muitos dos problemas sociais desapareceriam. Mas, apesar dos heróicos pronunciamentos da era da "Grande Sociedade" nos anos 60, a ameaça de desemprego se agravou constantemente.

Os conceitos atuais a respeito do advento da "Sociedade de Informação" constituem, em parte, uma reação a essa ameaça velada. "O que fazer quando a produtividade da economia crescer de modo a suprir as necessidades da sociedade, com o emprego de somente uma fração da força de trabalho potencial?'' Resposta: ''Tornar-se obcecado pelo consumo, tentar esgotar a produção e manter as máquinas em funcionamento.'' – ''O que você fará quando puder treinar um computador (robô) a fazer qualquer coisa que um homem é treinado a fazer; e, levando-se ainda em conta que o computador provavelmente o fará melhor, mais rápido e mais barato?'' Resposta: ''Tornar-se obcecado pelo crescimento econômico para criar novos empregos que o homem possa preencher.'' ''E o que criará esse consumo, esse crescimento?'' Resposta: ''A Informação!'' Todos desenvolveremos um apetite insaciável pela informação, que deverá circular numa velocidade exponencialmente crescente. A demanda por serviços relacionados com a informação poderá crescer com tal rapidez que não precisaremos temer os efeitos do futuro desemprego motivado pelos computadores. Pouco importa que o consumo irracional dos serviços de informação, com o fito de criar empregos, não seja a escolha das pessoas que pensam, como não o foi o consumo ilimitado de alimentos como uma alternativa ao crescimento da produtividade agrícola. (Talvez, em vez de denominá-la ''Sociedade de Informação'', devêssemos chamá-la de ''Sociedade Criadora de Empregos''.)

Desemprego crônico e subemprego – Existe nos Estados Unidos (e na Europa setentrional) um reconhecimento relutante, mas crescente, de que, a despeito do consumo em massa e da corrida armamentista mundial (e a despeito do advento da ''Sociedade de Informação''), a longo prazo o futuro da sociedade industrial se caracterizará por desemprego crônico e por subemprego – trabalhar num plano inferior à plena capacidade produtiva. As razões são basicamente duas: (1) a longo prazo, o crescimento econômico pode não continuar a gerar empregos suficientes para acomodar a força de trabalho em expansão; e (2) a qualidade dos empregos disponíveis pode não ser compatível com os crescentes níveis educacionais da força de trabalho.

O caráter problemático do crescimento econômico surge, em primeiro lugar, da tensão entre o crescimento e o conjunto de problemas associados às riquezas naturais e ao ambiente. Esses problemas poderiam ser minorados se o crescimento econômico fosse modificado de forma a diminuir a utilização dos recursos naturais, uma vez que a economia demonstra que há uma relação íntima entre o produto econômico e a utilização dos recursos naturais. Porém, a diminuição no crescimento acelera o desemprego. Assim, a despeito do compromisso de crescimento e de pleno emprego, as limitações do meio ambiente e das reservas naturais tenderão a impedir a economia de gerar empregos suficientes para suprir a demanda.

Os rumos econômicos e demográficos ocultaram parcialmente esse problema dos anos 80, sobretudo nos Estados Unidos. Em princípios dessa década, a força de trabalho estava crescendo nos Estados Unidos numa razão de, aproximadamente, dois milhões de pessoas/ano (um crescimento de 2%). Tanto o efeito causado pela explosão da taxa de natalidade após a guerra, como o efeito causado pela pronta entrada das mulheres na força de trabalho estavam em queda, havendo, portanto, uma redução temporária no crescimento da força de trabalho e conseqüentemente um alívio temporário no problema do desemprego nacional – as perspectivas a longo prazo são, porém, outra história.

A despeito do fato de o problema desemprego/subemprego parecer intrínseco ao paradigma industrial, os economistas e cientistas sociais estão divididos quanto ao grau da sua importância no futuro. Essa discordância reflete, provavelmente, e em parte, percepções diferentes da extensão que o problema já tomou. Ganharemos em perspectiva se imaginarmos o que aconteceria às taxas de desemprego nos Estados Unidos se, por alguma ocorrência milagrosa, a propalada paz mundial se transformasse em realidade e o setor de atividade econômica, agora voltado para a segurança nacional, não fosse mais necessário. Já conhecemos as reações de pânico sempre que surge uma conversa de cancelamento de um contrato de defesa ou de um projeto espacial ou de desativação de uma base aérea. A verdadeira extensão do problema do desemprego reflete-se ainda nos critérios imperiosos de idade e de educação para o registro trabalhista, na procrastinação de metas a atingir, na eliminação de cargos ou na automatização das operações rotineiras – formas sutis de empregar mais gente do que o necessário para a execução de um determinado serviço – e nas pressões sobre os velhos empregados para que se aposentem mais cedo.

O subemprego constitui também uma fonte de alienação e de problemas que a massa trabalhadora enfrenta na esfera da produção. À medida que o nível educacional da força de trabalho aumenta, a alienação e o descontentamento crescem entre os trabalhadores de maior escolarização, forçados a ocupar posições antes preenchidas por trabalhadores com menor grau de escolaridade. A educação já não representa um caminho seguro para uma melhor posição social, para um trabalho condizente e justa remuneração.

161

Nem assegura um trabalho que seja intrinsecamente desafiador e que ofereça oportunidades de criatividade e de auto-expressão.

As pessoas que conquistaram um alto padrão educacional esperam que seu trabalho faça uso de seus talentos e desenvolva seu potencial. Porém, o desapontamento aguarda muitos daqueles que antecipam posições profissionais técnicas e gerenciais, com salário e *status* dignos de uma classe média, o que inclui oportunidade de crescimento, de desafios e de auto-realização. Um número cada vez maior de trabalhadores de nível se vê diante da contingência de aceitar empregos – tanto como funcionários de "colarinho branco" (intelectuais, letrados) como de "colarinho azul" (operários) – rotineiros, embrutecedores e medíocres. Uma fração significativa dos empregos oferecidos pela sociedade industrializada não é intrinsecamente desafiadora, nem está obviamente relacionada com contingências sociais estimulantes.

A natureza do subemprego é demonstrada por uma antiga história de dois trabalhadores de pedra de cantaria, engajados na mesma atividade. Quando interrogados sobre o que faziam, um respondeu: "Eu estou esmurrando este bloco de pedra"; o outro disse: "Eu estou construindo uma catedral". O primeiro possivelmente estava subempregado; o segundo, não. Evidentemente o que conta não é tanto o trabalho que a pessoa executa, mas o que ele representa para ela.

O habitante de uma região pouco explorada, o artesão dos velhos tempos, o fazendeiro abençoado com um bom pedaço de terra, todos eles sorririam ante a idéia de estar subempregados. Mas, desde o momento em que a mecanização agrícola entrou em cena, não se poderia mais passar o dia atrás de um cavalo e arar com o mesmo espírito de antes. Desde que uma linha robotizada de montagem pôde produzir um determinado artigo em massa, o desafio de fazer o mesmo produto manualmente foi destruído.

Um "trabalho significativo" não é necessariamente um trabalho excitante e desafiador a cada momento; pode mesmo fazer parte de um esforço maior, todo ele perpassado de significado. Se a sociedade tem um "projeto central" no qual as pessoas acreditam – por exemplo, a conquista de uma fronteira tecnológica ou geográfica ou a construção de uma nova sociedade ou de uma nova ordem democrática – então mesmo as tarefas rotineiras contêm um significado.

O desemprego sob uma perspectiva diferente – Agora examinemos tudo isso com olhos diferentes. Não há dúvida de que, em conjunto, a história da sociedade industrial tem sido uma história de fantástico sucesso. Em apenas poucos séculos a Europa Ocidental saltou de uma capacitação e motivação relativamente baixas para manipular o meio físico, que caracterizava a sociedade tradicional, para uma capacitação tecnológica de tal magnitude que tudo que imaginarmos querer fazer parecerá realizável. A "onda" da sociedade industrial espalhou-se por todo o planeta afetando, com o tempo, praticamente todas as sociedades do globo – seduzindo com seu brilho as que não conseguiu vencer pela força.

Durante esses séculos, o enfoque central sobre a produção econômica parecia fazer sentido. Fornecendo novas ferramentas, fazendo a labuta das pessoas valer mais, convertendo mais e mais os recursos da Terra em produtos econômicos, exercendo um crescente controle sobre o meio ambiente através da tecnologia, atraindo mais e mais as atividades das pessoas para uma economia monetizada (tanto sob a forma de empregos como de serviços "consumidos"), tudo parecia resultar num ascendente padrão material de vida e conseqüentemente num crescente bem-estar do homem.

Mas então topamos com a situação hipotética identificada por Keynes: "O que acontecerá se a sociedade progredir tecnologicamente até o ponto de parecer que a produção econômica de todos os bens e serviços que a sociedade imagine precisar ou desejar (ou de tudo o que as reservas naturais e o meio ambiente consigam suportar) possa ser realizada com facilidade, empregando apenas uma pequena fração da sociedade?"

A resposta principal, até agora, parece ser a de prosseguir com as tentativas de criar empregos estimulando o crescimento econômico. Não haverá empregos suficientes, de forma que os que ficarem de fora poderão ser socorridos por meio de planos de assistência. Com efeito, a velha ética de "trabalhar para comer" parece estar mudando para "os afortunados podem trabalhar; os restantes serão mantidos como animaizinhos de estimação – sustentados, pedindo-se deles nada mais senão que se mantenham domesticados". Precisamos apenas deitar o olhar pela parte noroeste da Inglaterra, para ter uma idéia antecipada de como será essa sociedade.

Outro ponto de vista discutido ocasionalmente: tratar o trabalho como um bem escasso a ser racionado. Este conceito integra várias propostas e programas proeminentes, incorporando planos de divisão de trabalho, limitações do trabalho semanal e assim por diante. (Este enfoque parece extremamente insensato quando se pensa em todo o espaço que há no mundo para o trabalho criativo.)

Contudo, ambos os enfoques desconsideram o quão básica essa mudança realmente é. As teorias contemporâneas sobre negócios e trabalho, sobre emprego e bem-estar, sobre análise liberal e marxista, estão todas alicerçadas na presunção de uma sociedade voltada firmemente para a produção. *E se essa presunção fundamental estiver realmente obsoleta?*

Sejamos mais específicos. Pode ser que já tenha tido sentido, em uma sociedade voltada firmemente para a produção, pensar que dentro da linha mestra da economia as atividades humanas fossem consideradas como mercadorias; que os empregos, dentro dessa linha, fossem supostamente desejáveis; que o pensamento fosse dominado por conceitos de escassez, sigilo e transação monetária. Com o advento da nova era poderá ficar provado ser tudo isso um raciocínio obsoleto.

Por exemplo, economias informais estão hoje ajudando muitas pessoas que não têm meios de participar da corrente principal. O cooperativismo resolve algumas situações de uma forma melhor que a troca de dinheiro. A ''Sociedade de Informação'' não vai solucionar os problemas; a atual inobservância das leis de patentes e de direitos autorais demonstra a falácia de se considerar que a informação deva se comportar como outras ''mercadorias'', como tomates e automóveis. E mais, estamos claramente assistindo à falência das lideranças e das formas de governo, baseadas na presunção de que a informação estaria somente à disposição de uns poucos.

Se novamente examinarmos a situação do ponto de vista privilegiado de um antropólogo extraterreno, veremos com clareza que uma forma inteiramente nova de pensamento precisa ser adotada na qual a eliminação do trabalho humano (que as máquinas podem ser treinadas para executar) represente um estímulo para repensar e reexaminar os pressupostos básicos dessa sociedade firmemente voltada para a produção. A sociedade precisa criar um novo ''projeto central'', agora que manter a produção econômica nesse nível não faz mais sentido. A presunção de que a distribuição da renda deva estar fortemente vinculada a empregos dentro da principal linha econômica precisa ser reavaliada.

O novo ''projeto central'' da sociedade – O novo pensamento requerido, compatível com a ênfase dos valores emergentes, pode ser simplesmente enunciado: numa sociedade tecnologicamente desenvolvida, em que a produção suficiente de bens e de serviços pode ser alcançada com facilidade, *o emprego existe sobretudo para o autodesenvolvimento, e só secundariamente deve preocupar-se com a produção de bens e serviços.* Esse conceito de trabalho representa uma profunda mudança em nossas percepções, com implicações que repercutem por toda a estrutura da sociedade industrial. É difícil imaginá-lo prevalecendo em uma sociedade dominada por uma metafísica M-1 e confusa em termos de valores e significados. Se toda a sociedade mudar para uma metafísica M-3, o quadro se tornará muito mais promissor.

Referimo-nos anteriormente ao conceito grego da *paideia*. Na "sociedade de aprendizado" grega, acreditava-se que a função primária da sociedade, e de todas as suas instituições, era a promoção do aprendizado na sua mais ampla acepção. *Paideia* era a educação encarada como uma transformação da personalidade humana no decurso de toda uma vida, na qual todo aspecto da vida desempenhava uma parte. Não se limitava aos processos do conhecimento consciente, ou a introduzir os jovens na herança social da comunidade. *Paideia* representava a tarefa de fazer da própria vida uma forma de arte, sendo a *pessoa* a obra de arte. Teoricamente, pelo menos, a realização do homem como um todo – e do todo em função do homem – pairava acima de toda atividade especializada ou de propósitos mais mesquinhos.

As motivações e os valores implícitos nos pressupostos da metafísica M-3 se enquadram muito bem neste conceito grego de uma "sociedade de aprendizado". Eles obviamente não se enquadram ao consumo irracional, aquisição material e ilimitado crescimento econômico.

Na "sociedade de aprendizado" o enfoque ocupacional da maioria das pessoas está em aprender e em se desenvolver no mais amplo sentido. Esse enfoque inclui uma vasta gama de atividades, tais como educação formal, pesquisa, exploração, autodescoberta, vários papéis especializados e participação na comunidade de cidadãos preocupados em escolher um futuro melhor. Essas atividades contribuem para o melhoramento e para a plenitude do homem. São atividades humanas, não-poluidoras e não-embrutecedoras. Podem incorporar um número ilimitado de pessoas não requeridas por outros tipos de trabalho.

A "sociedade de aprendizado" implica reversão de uma série de aspectos da tendência de industrialização a longo prazo. Ela sem dúvida se refere a algo como os conceitos de "tecnologia intermediária" ou "tecnologia adequada'', de E. F. Schumacher e outros. Esses termos se referem a uma tecnologia que protege as reservas naturais – benigna quanto ao meio ambiente, frugal no uso da energia, relativamente intensiva em se tratando de trabalho manual e compreensível e utilizável a nível individual e comunitário. Essa tecnologia tende a complementar uma forte ética ecológica; uma forte identificação com a natureza, com os seres humanos – nossos irmãos – e com as futuras gerações; um estilo de vida caracterizado pela frugalidade voluntária (''em fazer mais, com menos''), uma apreciação da vida e das virtudes simples; e o tipo de trabalho que favoreça essas atitudes.

É prematuro tentar conjecturar mais detalhadamente quais serão algumas das mudanças específicas que essa reviravolta no modo de pensar acarretará. Como vimos no último capítulo, este conceito básico já está sendo discutido no gerenciamento contemporâneo; encontramos várias companhias, pequenas mas inovadoras, profundamente comprometidas com este princípio. O que isso eventualmente implica, com relação à economia como um todo, não está bem claro, porém a mudança não será de pequenas proporções.

Uma redefinição do desenvolvimento global

Entre as forças que estão moldando o futuro, seguramente uma das mais potentes e de maior alcance é a que vai despertar o ''gigante adormecido'', termo usualmente empregado com referência ao ''mundo em desenvolvimento''. O mundo em desenvolvimento abrange aproximadamente 3/4 da população mundial (cerca de metade dessa população habita a China e a Índia), e existem projeções de crescimento de cerca de 4/5 para essa fração até o final do século. A maioria dos países que compõem o mundo em desenvolvimento eram, antes da II Guerra Mundial, ou colônias, ou países fortemente dominados pelas potências industrializadas. Porém, aqueles que por tanto tempo aceitaram uma condição de privação, de inferioridade e de servidão, estão cada vez menos desejosos de prosseguir nessa situação.

Durante as duas décadas que se seguiram à II Guerra Mundial, o desenvolvimento era mais ou menos considerado como sinônimo de desenvolvimento econômico – isto é, com ''modernização'' e industrialização. Em outras palavras, a presunção prevalecente – tanto nos países desenvolvidos como nos países em desenvolvimento – era a de que o destino de todos os povos da Terra seria o de seguir o caminho dos Estados

Unidos e de outros países industrializados (com talvez alguma diferenciação ao longo da dimensão capitalismo-socialismo). Quer dizer, eles assimilariam a cultura ocidental (com uns poucos remanescentes da cultura original preservados, claro, para estimular o turismo e promover os artigos do artesanato nativo).

Já observamos anteriormente que as pessoas que passam sua vida em meio a diferentes culturas, vivenciam literalmente realidades diferentes. As que crescem em sociedades industrializadas percebem a realidade de uma forma muito diferente da de um aborígene australiano ou de um beduíno ou de um hópi. Um nativo americano certa vez caracterizou o ponto de vista do seu povo como: ''a) – tudo no universo está vivo; e b) – nós todos somos irmãos.'' Essa percepção seria totalmente estranha à maioria dos europeus e americanos cultos. Da mesma forma, o americano típico teria dificuldade em entender como o objetivo implícito na sociedade americana de um consumo sempre maior de bens e serviços possa ser considerado, por um intruso, como totalmente insano, e que a presunção de que os ''recursos naturais'' da Terra existem para ser explorados seja loucura.

Assim, o objetivo implícito da modernização tem sido a rejeição da realidade da cultura tradicional e sua substituição por uma percepção alienígena. Entretanto, as realidades de algumas das culturas tradicionais têm provado ser mais resistentes do que se esperava. Ademais, os líderes culturais dos países em desenvolvimento acabaram por compreender que o excelente desenvolvimento de um povo, na sua mais alta acepção, não é fomentado pelo abandono de suas raízes culturais e pela adoção da cultura estrangeira da sociedade industrial do Ocidente. Tem então havido um crescente esforço no sentido de se chegar a uma diferente ordem econômica internacional e no sentido de explorar outras vias de desenvolvimento que não a ''modernização''.

Em discurso proferido um dia antes de sua morte, E. F. Schumacher, autor do livro *Small is Beautiful* (1974), disse a respeito da ajuda para o desenvolvimento que ''ela é um processo em que você arrecada dinheiro dos pobres dos países ricos, para dá-lo aos ricos dos países pobres''. O desenvolvimento, disse, não poderia se concentrar em transferir tecnologia dos países altamente desenvolvidos para os países em desenvolvimento. ''Esse tipo de indústria não tem futuro. A Natureza não agüenta, as reservas mundiais não agüentam e o ser humano não agüenta isso.''

167

Se essas atitudes continuarem a se fortalecer, como parece provável, a arremetida do desenvolvimento global não continuará a seguir, como até hoje, rumo a uma monocultura industrial, ocidental, em escala mundial. Pelo contrário, seguirá rumo a uma ecologia de diversas culturas, cada uma com seu próprio ponto de vista a respeito do desenvolvimento humano, fins da sociedade e significado último – e rumo a um sistema mundial que tenda a apoiar em vez de restringir, distorcer e combater essa diversidade. Contudo, o *momentum* e a influência de uma única economia industrial mundial é tão grande, que qualquer dessas mudanças na arremetida desenvolvimentista equivale a importantes mudanças nas instituições financeiras e econômicas do mundo.

O impacto potencial sobre a economia mundial do futuro, impacto esse causado pelas mudanças de atitudes globais, é freqüentemente negligenciado. Por exemplo, considerando que a economia mundial funciona à base de energia, a redução das reservas de combustíveis fósseis é uma questão preocupante: a opinião pública decidirá se o aumento e a eventual substituição dos combustíveis fósseis por alguma forma de energia nuclear conduzirá a um futuro aceitável ou se será preferível encontrar alguma forma de "via energética alternativa".

A opinião pública mundial será igualmente decisiva quanto ao rigor das medidas requeridas para tratar da séria deterioração ambiental e dos problemas crescentes ocasionados por substâncias perigosas, resíduos tóxicos e dejetos agroquímicos. As pressões da concorrência econômica parecem ordenar o rápido desenvolvimento de robôs e da inteligência artificial na área da produção industrial e das indústrias de serviços; o espectro de um emergente desemprego mundial pode gerar uma reação oposta. A divulgação da percepção pública de que a longo prazo as conseqüências negativas das atividades das grandes corporações podem superar os benefícios, já implicou um significativo desafio à legitimidade do comportamento atual das corporações.

É difícil antecipar quão poderosas essas mudanças na atitude mundial podem vir a ser. Numa série de documentos da Organização Internacional do Trabalho e de outras agências das Nações Unidas, relativa às reivindicações do Terceiro Mundo para a instauração de "uma Nova Ordem Econômica Internacional", um conjunto de necessidades humanas, universalmente reconhecidas, foi definido como sendo em essência:

168

- Necessidades humanas básicas (comida "suficiente", habitação, saúde, educação, emprego e segurança pessoal).
- Um senso de dignidade do ser humano.
- Um senso de vir-a-ser (uma oportunidade de alcançar um tipo de vida melhor).
- Um senso de justiça ou eqüidade.
- Um senso de realização, de estar envolvido com algo que valha a pena.
- Um senso de solidariedade – de fazer parte de um grupo de valor e de participar de decisões que afetem o destino do grupo e o destino de cada um.

Programas de alcance nacional visando implementar o conceito do direito à satisfação dessas necessidades universais foram adotados por mais de 120 países, na maioria dos casos, durante as três últimas décadas. Em alguns desses países, incluindo os Estados Unidos, os programas foram precedidos por muitos anos de debates sobre a aplicabilidade desse suposto direito e sobre sua atualização por meio da rede de assistência social ou de serviços. No entanto, existem entre os ricos e os pobres do mundo todo iniqüidades na distribuição econômica que ultrapassam tudo o que poderia ser tolerado dentro das fronteiras de qualquer país. Por trás da retórica das reivindicações do mundo em desenvolvimento por uma nova ordem econômica está a proposição de que *um conceito de bem-estar humano que até agora foi aceito e aplicado no interior da maioria das nações, deva ser estendido a toda a família do gênero humano.*

A despeito da inevitável oposição, a aceitação definitiva dessa proposição parece exeqüível pelo fato de ser o prolongamento de uma tendência básica já admitida e pelo fato de os vários povos do mundo estarem cada vez mais conscientes, por meio do comércio e das comunicações (e do destino partilhado do planeta), de que o mundo é um só.

Talvez o mais importante de todos os aspectos do enigma desenvolvimentista (que, em última análise, está vinculado ao problema do subemprego/desemprego) seja o *sentido da vida.* A sociedade tradicional, apesar de seus inconvenientes, tinha um lugar para todos – um papel a desempenhar, imbuído do seu próprio sentido intrínseco. A modernização trouxe a destruição do sentido filosófico tradicional e a criação dos excluídos – pessoas que vivem à margem da sociedade e não têm um lugar real, tanto se desempregadas, subempregadas ou não-empregáveis. Não deve ser permitido que a modernização continue a causar isso. Os triunfos e horrores dos movimentos antimodernização do Irã e do Cambodja são apenas os primeiros sinais das forças irracionais que provocarão a mudança, se enfoques mais razoáveis não o fizerem.

Ressaltar os problemas da modernização não é passar por cima das realizações positivas desse mesmo paradigma que contribui para os problemas. Não estamos apenas nos entregando a um criticismo da sociedade industrial; estamos, ao contrário, tentando expor uma razão imperiosa, mostrando que o futuro terá inevitavelmente que se desviar do caminho aberto pelos rumos passados. É de suma importância entender que forças sociais nos impelem para uma direção diferente – porque a mudança fundamental do sistema é inevitável.

O problema do desenvolvimento e o problema do trabalho estão intimamente relacionados e são idênticos num ponto: ambos derivam da questão fundamental da sociedade moderna – a saber: "O que tudo isso significa?" "Qual o *sentido* do sucesso da modernização?" Se a "sociedade culta" é uma resposta para os países tecnologicamente desenvolvidos, a "sociedade desenvolvida" é uma resposta para o mundo: "sociedade desenvolvida" no sentido de fomentar o máximo possível o desenvolvimento de cada ser humano.

Certamente, não é uma utopia imaginar um futuro Estado global no qual cada um dos cidadãos da Terra tenha uma chance razoável de proporcionar, à custa de seu próprio esforço, uma vida decente para si e para sua família; em que homens e mulheres vivam em harmonia com a Terra e suas criaturas, cooperando para gerar e manter um meio ambiente salutar para todos; em que haja uma ecologia de culturas diferentes, cuja diversidade seja apreciada e apoiada; em que a guerra e a flagrante violação dos direitos humanos, em nome do Estado, não encontre legitimação em parte alguma; em que haja um apoio universal à norma legal em todo o mundo; em que na família humana, na sua mais completa totalidade, exista um senso profundo e compartilhado do sentido da vida em si.

Se esse objetivo representa uma definição inspirada de desenvolvimento, servirá igualmente como definição da verdadeira *segurança*.

170

Em busca da segurança global

Acima descrevemos os sinais reveladores de mudanças nos pressupostos básicos subjacentes à sociedade americana em particular e à sociedade do Ocidente em geral. Essa mudança parece bem distante dos pressupostos da metafísica M-1 que, por gerações, até pelo menos os anos 50, cresciam fortemente em influência, e seguiam rumo aos pressupostos da metafísica M-3. Esses pressupostos nunca gozaram de irrestrita aprovação nem na América nem na Europa, embora uma corrente oculta estivesse sempre presente (dos gnósticos e das religiões de mistérios, aos Rosa-cruzes e Maçons em épocas menos longínquas; aos transcendentalistas da Nova Inglaterra, em meados do século XIX, aos mais recentes movimentos teosófico na Inglaterra e antroposófico no continente europeu).

Vimos como os vários problemas interligados da sociedade moderna dão a impressão de que estão entranhados nos paradigmas fundamentais da sociedade industrial e de que só terão solução quando esse paradigma for substituído por outro, transindustrial ou pós-moderno, ainda não determinado. Vimos também como os pressupostos M-3 são compatíveis com as várias sociedades tradicionais em todo o globo. Sendo assim, podemos alimentar a esperança de que com uma mudança para uma metafísica M-3 o flagelo da guerra seja finalmente eliminado da Terra. Examinemos essa possibilidade, com maiores detalhes.

Abolindo a legitimidade da guerra – Nesta era nuclear, praticamente todo mundo é favorável à paz. No entanto, nem todos dão igual significado a essa palavra. Alguns falam de "paz com segurança nacional". Outros insistem em que é preciso haver "paz com justiça social". Alguns exaltam as armas nucleares por terem "mantido a paz por 40 anos"; outros são de opinião que estar sob perpétua ameaça de holocausto nuclear equivale a um estado difícil de ser qualificado com uma definição de paz.

Qualquer que seja o modo que o mundo eventualmente encontre para tratar da questão da paz, ou mais especificamente, da prevenção da guerra nuclear, essa missão precisa ser realizada *com 100% de confiabilidade*. Qualquer iniciativa diferente dessa não terá serventia; o mundo não pode suportar *uma* guerra nuclear. É bom estarmos conscientes de que em nenhum outro aspecto de nossa experiência esse tipo de confiabilidade é exigido.

Ao considerarmos esse objetivo, seria interessante distinguir entre dois tipos de paz: 1) – uma "paz real" a longo prazo, onde predominem poucos conflitos e prevaleçam atitudes de amor, carinho e boa vontade entre os povos e nações de todo o mundo, e 2) – uma "paz virtual" a curto prazo, suficiente para remover a ameaça imposta por armas de destruição em massa e de genocídio, atualmente disponíveis (artefatos bélicos nucleares, químicos e biológicos). O objetivo anterior representa, com efeito, um grande passo na evolução social e psicológica. Temos sido instados a isso por líderes espirituais do Ocidente e do Oriente, há milhares de anos; contudo, o progresso se faz lentamente. É urgente que alcancemos agora o objetivo posterior.

Por "paz virtual" pretendemos indicar algo ainda mais específico. Esse objetivo incluiria, no mínimo, a) – tirar legitimidade tanto à guerra como à preparação para a guerra como instrumentos de política nacional; b) – estigmatizar todas as armas de genocídio; e c) – criar e manter, mediante compromisso assumido por todas as nações poderosas do mundo, dispostas a partilhar, até certo ponto, suas soberanias, uma instituição efetiva visando a manutenção da paz e a solução não-violenta dos conflitos.

Esses dois objetivos – a longo e a curto prazo – estão, claro, entrelaçados. O desenvolvimento de um colabora para a consecução do outro. Apesar disso, essa diferenciação é importante sob um prisma prático. Algumas das raízes do conflito penetram muito fundo na psique humana e algumas das injustiças que testemunhamos envolvem características bem antigas das instituições políticas e sociais. Pelo fato de esse objetivo a longo prazo envolver amplas mudanças nas poderosas e profundamente arraigadas instituições sócio-político-econômicas e grandes transformações na vida de centenas de milhões de pessoas, é fácil ser dominado pela magnitude da tarefa. Podemos nos sentir tão intimidados que descartamos a possibilidade de alcançar o objetivo a curto prazo, que poderia ser concretizado dentro de pouco tempo em uma geração ou até em menos.

Embora nos Estados Unidos tenha se tornado moda denegrir as Nações Unidas, a Carta dessa Organização (1945) e a Declaração Universal dos Direitos do Homem (1948) se alinham entre os mais nobres documentos políticos da história. Seus princípios foram ratificados por praticamente todas as nações e povos da Terra. Eles proporcionam um quadro – e talvez não o único – dentro do qual o objetivo da "paz virtual" pode ser alcançado, se realmente for esse o desejo. A verdade é que os povos e os líderes das maiores potências não manifestaram o desejo de tirar a legitimidade da guerra. Não se trata de falta de mecanismo apropriado, ou de necessidade de nova tecnologia, mas de uma opção moral.

Não devemos esquecer que, progressivamente, vai-se tirando legitimidade a certos tipos de guerra, de uma forma discreta. Até cerca de 1914, a guerra *ofensiva* era considerada permissível e legítima, pelo menos em certas condições. Algumas nações européias costumavam declarar guerras com propósitos francamente ofensivos. Ao fim da II Guerra Mundial, conflitos de agressão e de expansão territorial foram geralmente considerados como não-permissíveis e, pela metade do século, a maioria dos combates em todo o mundo foi justificada com argumentos defensivos. (Em 1947, os Estados Unidos mudaram o nome de seu Ministério da Guerra para "Departamento de Defesa".) A "diplomacia beligerante", pela qual nações poderosas e tecnicamente desenvolvidas intervieram à vontade nas fracas nações do Terceiro Mundo, embora ainda vigore até certo ponto, precisa ser bem disfarçada para ser considerada legítima, mesmo pelo povo da nação interventora.

As atitudes diante dos conflitos armados têm mudado rapidamente à medida que a natureza fundamental da guerra muda. Desde a II Guerra Mundial, a guerra deixou de ser uma luta entre forças treinadas; é a devastação das populações civis. Na I Guerra Mundial, cerca de 15% das baixas foram civis; na II Guerra Mundial, mais de 50%; na Guerra do Vietnã, quase 90%. Podemos imaginar qual a cifra de um conflito nuclear. Lutar por seu país, o que até a I Guerra Mundial era considerado "glorioso" e "patriótico", perdeu tanto de seu *glamour*, que os veteranos do Vietnã queixam-se de terem sido tratados como párias. É difícil sentir entusiasmo por ter participado de uma enorme chacina de vítimas inocentes.

Temos diante de nós o exemplo da deslegitimação progressiva de várias formas de escravidão, opressão, tortura e assassinato, outrora toleradas ou mesmo encorajadas. Tirar legitimidade à guerra e ao esforço de guerra, buscando a segurança global e nacional por outros meios, é, na seqüência dos fatos, o próximo passo lógico.

No transcurso da história, as mudanças realmente fundamentais das sociedades resultaram não de leis governamentais nem dos sucessos das batalhas, mas de mudança de mentalidade – algumas vezes muito pequena – de um grande número de pessoas. Algumas dessas mudanças trouxeram profundas transformações – por exemplo: a transição do Império Romano para a Europa medieval, ou da Idade Média para os tempos modernos. Outras foram mais específicas, como a constituição dos governos democráticos na Inglaterra e nos Estados Unidos, ou a abolição da escravatura como instituição aceita. Nos últimos casos, trata-se sobretudo de uma questão de o povo se lembrar que, por mais poderosa que seja uma instituição econômica, política ou mesmo militar, ela só subsistirá porque tem legitimidade, e que a legitimidade emana da consciência do povo. Ao povo cabe conferir e revogar a legitimidade. *O desafio à legitimidade talvez seja a mais eficaz força de transformação que encontramos na história.*

Karl von Clausewitz, estrategista prussiano do século XIX, definiu a guerra como "outro meio de expansão da política do Estado". Partir do argumento racional pró-guerra e chegar à completa ilegitimidade da guerra viria a ser uma das mais profundas mudanças da história da humanidade. E, no entanto, como outras importantes mudanças de atitude ocorridas ao longo da história (por exemplo, o fim do feudalismo, a ilegitimidade do colonianismo), ela poderá ocorrer quando os povos do mundo modificarem seu modo de pensar e exigirem essas mudanças. O único tipo de guerra que ainda guarda uma máscara de legitimidade é o que se faz em nome da "defesa", e cujo início não é deliberado. *Esse é precisamente o tipo de guerra mais perigoso – o único que o mundo aguarda temeroso.*

Crenças e conceitos do conflito internacional – O principal obstáculo à remoção da legitimidade de todas as guerras é a *descrença na exeqüibilidade da paz.* Já aludimos anteriormente ao grau em que nossos conceitos, motivações, valores e posturas se forjam a partir de crenças parcialmente inconscientes como "vivemos fundamentalmente num mundo de escassez", ou "pessoas de pele escura são párias". A pesquisa científica tem desvelado progressivamente o grau surpreendente em que esse "mapa interior" de crenças subjaz aos conceitos que, por sua vez, subjazem aos conflitos e ao sentimento sobre a impossibilidade da paz.

Se são essas crenças interiores que se situam no cerne dos conflitos intergrupais, a natureza da missão de se chegar à paz torna-se mais clara. Não é a natureza humana que precisa mudar – como se tem proclamado – mas, antes, a "programação" inconsciente. (Observando isso, alguns cientistas têm realmente enfatizado a urgência de medidas de intervenção, como a implantação de eletrodos dotados de sinais reeducadores destinados a suscitar o desejado comportamento "pacífico". Restringimos aqui nossa exposição, deixando a reeducação ao arbítrio dos interessados.)

Nós, humanos, temos uma capacidade verdadeiramente impressionante de nos enganarmos a nós mesmos. Uma vez que tenhamos ancorado em um conceito da "realidade", toda evidência contrária tende a se tornar invisível. Todas as insinuações de que a nossa óptica possa estar errada, ou mesmo seriamente truncada, são habilmente (e inconscientemente) contornadas. Isso é verdadeiro mesmo que essa percepção não sirva aos nossos interesses. Por exemplo, o paranóico vê o mundo de uma forma que causa muita angústia pessoal, e um argumento racional, ou mesmo uma experiência contraditória, pode não ter chance de modificar essa percepção. De nada nos adianta ver o mundo de uma forma em que não haja alternativa viável ao impasse das armas nucleares e, no entanto, essa é a mais comum e geral conceituação. De fato, parece que *um grande número de pessoas prefere arriscar a destruição da civilização do que correr o risco de mudar fundamentalmente sua visão do mundo.*

Consideremos as conseqüências que adviriam se tivéssemos que ser persuadidos de que *as causas fundamentais do eterno conflito sobre o planeta deveriam ser procuradas principalmente nas crenças coletivas das diversas sociedades – crenças mantidas, em parte, conscientemente mas, em grande parte, inconscientemente.* Estamos acostumados a buscar explicações a respeito do estado de beligerância mundial na competição entre nações, na ambição e frustração dos líderes desses países, nas falhas dos antigos tratados, nos conflitos entre facções religiosas e ideológicas. Não há dúvida de que essas explicações são, em parte, corretas. Mas, subjacentes a elas, como um campo de cultura mais profundo da beligerância, estão sobretudo as crenças coletivas que sutilmente criam barreiras, divisões, tensões e choques. Essas crenças são difíceis de ser conscientizadas, e certamente de ser desafiadas, mormente porque as pessoas que nos cercam em nossa própria sociedade tendem a partilhar as mesmas crenças e a aceitá-las tacitamente sem discussão.

Todos nós, é natural, oferecemos certa resistência interior quanto a perceber como o paradigma subjacente da sociedade industrial do Ocidente (ambas as formas: capitalista e marxista) leva inexoravelmente aos tipos de problemas e de dilemas globais que hoje enfrentamos. Já discorremos sobre como nós, inadvertidamente, "mergulhamos" num sistema de crenças em que se procuram soluções técnicas para problemas de natureza basicamente sociopolítica – incluindo a tentativa fútil de comprar a "segurança nacional" por meio de armas mais poderosas. Somos extremamente relutantes em reconhecer quão fortemente os sistemas de crenças do mundo, inclusive o nosso próprio, nos obrigam a uma marcha fatal em direção ao futuro.

As crenças inconscientes, coletivamente mantidas, moldam as instituições do mundo e são a raiz da opressão e da iniqüidade institucionalizadas. A "paz" nunca deixará de ser mais que uma trégua temporária se existirem, difundidos, conceitos básicos de injustiça, de necessidades não realizadas e de erros não corrigidos.

Ao princípio consagrado de que ao povo cabe julgar a legitimidade e, assim, mudar o mundo, agora acrescentamos outro: *Ao mudar deliberadamente a imagem interior da realidade, as pessoas podem mudar o mundo.*

Já citamos o princípio (tão complicado para os pressupostos M-1, tão simples para os pressupostos M-3) de que aquilo em que acreditamos firmemente e imaginamos ser a verdade tende a se transformar em realidade. Porém, aquilo em que acreditamos firmemente e imaginamos ser a verdade, pode ser mudado se mudarmos o que afirmamos a nós mesmos insistentemente. Uma grande parte da população da Terra está adotando esse princípio sem o saber. Sob uma infinidade de formas, vemos os povos reafirmarem o medo, o desespero, a inevitabilidade do holocausto nuclear e sua impotência a esse respeito. Pense no poder que essa negativa afirmação coletiva tem para gerar exatamente o que tememos e desejamos evitar. E pense no poder que teria se o mundo deliberadamente afirmasse a exeqüibilidade da "paz virtual" dentro de uma geração.

Nossa reação inicial à idéia de imaginar um mundo em paz parece ser a de que isso soa como uma versão simplista do "poder do pensamento positivo". A princípio afigura-se-nos difícil convencermo-nos de que, por meio dessa afirmação, estamos realmente fazendo alguma coisa. De fato, pode parecer simplista acreditar que se todos nós nos amarmos uns aos outros e falarmos apenas de paz, a paz reinará no mundo. Pode parecer simplista porque as poderosas forças inconscientes tornam o nosso amor ambivalente e a nossa paz povoada por conflitos ocultos.

Apesar dessa advertência perfeitamente justificável, resta-nos o fato de que uma crença coletiva na consecução da paz mundial contribuirá para a concretização desse objetivo, assim como agora a descrença coletiva o está frustrando. Contudo, para que essa afirmação seja eficaz, precisamos ser os mais claros possíveis. A afirmação de que uma paz duradoura será muitíssimo mais efetiva se não se tratar simplesmente de uma vaga perspectiva de

176

"oração pela paz", mas sim da afirmação de um ponto de vista específico e plausível, baseado numa visão esclarecida das forças e fatores em questão.

As pessoas sinceramente comprometidas com algum tipo de atividade voltado para a paz muitas vezes falham em reconhecer as sutilezas envolvidas no processo. Alimentar uma imagem negativa – viver com medo ou mesmo tentar gerar o medo de que uma guerra nuclear venha a estourar, ou odiar nossos líderes, que continuam a multiplicar o número de mísseis (enquanto falam em limitação de armas) – contribui de forma muito direta para suscitar o que é temido ou odiado. *Ser contra a guerra não é o mesmo que ser pela paz.* Manter uma imagem positiva, imaginando vivamente que existe um estado de paz, contribui para o advento desse estado de uma forma que pode parecer bem misteriosa, se tivermos uma crença muito limitada na capacidade da mente humana. Devido à interconexão entre todas as mentes, a afirmação de um ponto de vista positivo pode mesmo constituir a atitude mais certa que cada um de nós tomar.

Política e valores

Levantamos implicitamente a questão de como seriam os negócios se reestruturados com base num conjunto de pressupostos M-3 – e descobrimos, talvez para nossa surpresa, que eles já mostram sinais de caminhar nessa direção. Levantamos uma dúvida semelhante sobre o desenvolvimento e constatamos que, se bem que no passado o desenvolvimento tenha sido equiparado à modernização e tendido a superar e mesmo a fazer *tabula rasa* das crenças transcendentais das culturas tradicionais, um pequeno movimento de "desenvolvimento alternativo" está procurando novas formas de desenvolvimento – algumas das quais, pelo menos, contêm vislumbres dos pressupostos M-3. Se volvermos agora a atenção aos sistemas políticos, poderemos notar que existem elementos dos pressupostos M-3 nas diretrizes nos partidos "Verdes" em diversos países.

A consciência política Verde, um presságio? – A consciência política Verde surgiu, na Alemanha Ocidental, da convicção de que as questões mais críticas e fundamentais do momento não eram abordadas pelos programas básicos dos partidos em vigor. Entre as pessoas de todas as raças e de todas as nacionalidades que acorreram em meados de 1970 para impedir a expansão dos reatores nucleares, a poluição dos rios e a morte das florestas, ergueu-se um sentimento de que nós, os seres humanos, somos parte da natureza, e não os seus senhores; de que toda a nossa complexa estrutura de instituições econômicas e governamentais – na verdade, a própria vida do homem – depende, em última análise, de uma interação inteligente, respeitosa com os processos que garantem a vida do planeta. À medida que um número cada vez maior de pessoas percebia a interconexão entre os princípios de uma sabedoria ecológica, de uma paz duradoura, de uma economia visando ao futuro e de uma democracia participativa cuja força emanava diretamente do solo, criou-se o Partido Verde, como a expressão política dessas preocupações.

Vários partidos ligados aos Verdes desempenharam um importante papel político em quinze países europeus e em mais meia dúzia de outros países. Os partidos verdes são, às vezes, acoimados de esquerdistas. A "esquerda" está, de um modo geral, associada a uma tendência de riqueza estatal, à propriedade pública de importantíssimas organizações de bens e de serviços e a uma forte ênfase nos princípios de igualdade e de direitos humanos. Embora a consciência política Verde esteja interessada nos direitos humanos e na responsabilidade social, sua preocupação principal difere da preocupação da esquerda clássica. A esquerda tende a aceitar passivamente as metas do progresso tecnológico, do crescimento econômico e do padrão de vida material, presumindo que uma riqueza crescente possibilitará a aplicação de maiores recursos a problemas associados à justiça social e aos direitos humanos. A consciência política Verde julga encontrar uma falha fundamental nessa lógica, e acha que se fará necessária uma mudança mais profunda. Como os partidos Verdes proclamam: "Não estamos nem à direita, nem à esquerda; estamos na frente."

O ponto de vista Verde engloba e enfatiza os seguintes itens: visão holística, consciência ecológica, término da corrida armamentista nuclear, descentralização, empreendimentos e tecnologias em escala humana, enfoque feminino, crenças transmaterialistas, responsabilidade social, transformações pacíficas e fortalecimento do indivíduo. O ponto de vista Verde demonstra uma forte irritação contra os aspectos destrutivos da sociedade industrial patriarcal, contra a especialização e a burocratização, contra os valores masculinos competitivos, exploradores, agressivos. O que almeja é o equilíbrio desses valores com aspectos mais holísticos e com os valores femininos de criação, de participação, de colaboração e de preservação. Existe uma ênfase na auto-realização, no sentido transcendente e num crescimento interior conducente à sabedoria e à compaixão. Que existe uma

178

dimensão de espiritualidade dentro do pensamento Verde é inquestionável; no entanto, existe também relutância em identificar o movimento como tal, o que se depreende de muitos dos termos empregados. O conceito de "ecologia profunda" é uma das formas encontradas de falar em espiritualidade de uma maneira não ofensiva aos que, por várias razões, evitam a terminologia religiosa. A "ecologia profunda" ultrapassa a área científica, chegando a uma percepção sutil da unidade da vida, da interdependência de seus múltiplos aspectos e de sua tendência irrefreável à evolução e à transformação.

M-3 na fundação dos Estados Unidos – Para chegar, entretanto, ao mais importante exemplo de um sistema político baseado em princípios M-3, precisamos retroceder dois séculos, até a formação dos Estados Unidos da América. A maioria dos americanos parece desconhecer que uma certa inclusão da "sabedoria perene" na Franco-Maçonaria da época constituiu o fator-chave da experiência democrática americana. A filosofia que está por trás da Franco-Maçonaria existiu sob muitos nomes desde que sua predecessora surgiu nas religiões egípcias de mistérios. Ela foi uma influência que atuou nos bastidores durante o transcurso de todo o desenvolvimento da civilização ocidental e, na segunda metade do século XVIII, desempenhou um papel de liderança na emergência das filosofias democráticas de governo.

A Franco-Maçonaria, tal como foi exercida nessa época, era, ao mesmo tempo, esotérica e política (em contraste com as lojas maçônicas contemporâneas, mais próximas de organizações sociais). A premissa fundamental da Franco-Maçonaria era a de que existem reinos transcendentais de realidade nos quais coexistimos, e dos quais podemos, potencialmente, ter um conhecimento consciente. Embora as forças e padrões desses reinos sejam inacessíveis aos sentidos físicos, eles podem ser sondados com um olhar dirigido para bem dentro da mente profunda. Eles desempenham importantes papéis na formação dos eventos evolutivos e humanos e podem ser invocados para guia e ajuda.

A rede da Franco-Maçonaria no século XVIII ia além das fronteiras nacionais; havia lojas na Grã-Bretanha, na França, na Polônia, assim como na América. A Franco-Maçonaria preocupava-se com mais do que com o desenvolvimento da consciência individual. Sua preocupação enfocava mais particularmente o desenvolvimento do conhecimento humano e das artes, e a reforma dos governos rumo a "um Estado filosófico" e a modelos democráticos.

A prova mais evidente dessa influência na formação dos Estados Unidos está no seu sinete, adotado em sua forma essencialmente atual, em 1782. (Houve uma considerável oposição à decisão presidencial de 1935 de colocar, na nova nota de um dólar, esse "insípido emblema de uma fraternidade maçônica", como o professor Charles Eliot Norton designou o símbolo central constante do verso – a pirâmide inacabada rematada pelo "Olho-que-tudo-vê".) Se julgamos terem sido os fundadores deste país um grupo heterogêneo de cidadãos constituído de fazendeiros, lojistas e senhores rurais, os símbolos do sinete das antigas tradições da Franco-Maçonaria podem parecer uma escolha embaraçosa. Mas Benjamin Franklin e George Washington eram ambos maçons atuantes e muito proeminentes. Dos 56 signatários da Declaração da Independência, pelo menos 50 eram maçons; assim também o eram todos, menos cinco, dos 55 membros da Convenção Constitucional. Muitos franco-maçons de outros países apoiaram a Revolução Americana, incluindo Lafayette, Kosciusko, de Kalb e Pulaski. Algumas ramificações das sociedades secretas maçônicas foram transplantadas para o Novo Mundo, no mínimo 15 anos antes da Revolução, com o expresso propósito de dar início a uma experiência democrática que não havia encontrado um solo fértil na Europa.

O sinete dos Estados Unidos, com suas referências simbólicas ao desenvolvimento da consciência individual, do conhecimento humano e das artes, e da reforma dos governos rumo a um "Estado filosófico".

Os símbolos do sinete americano representam uma visão que não só sustentou e guiou a nova nação através de grande parte da sua história, como também, durante certo tempo, serviu de incentivo a pobres e oprimidos de todo o mundo. Tendo em mente que é da essência de um símbolo poderoso dizer muitas coisas a vários níveis mentais (tanto que uma "explicação" qualquer do seu significado constitui, necessariamente, uma diluição e uma distorção), examinemos os símbolos do sinete americano tal como aparecem no verso de qualquer nota de um dólar.

O mais óbvio símbolo maçônico consiste na pirâmide inacabada, rematada por um triângulo radioso, encerrando o "Olho-que-tudo-vê", e que ocupa o centro do verso do selo. Quaisquer que tenham sido os outros significados deste antigo símbolo (como os ligados ao número de patamares e de pedras; ou sua semelhança com a Grande Pirâmide de Gizeh, sepultura-santuário de Hermes que personifica a Sabedoria Universal), ele indica claramente que o trabalho do homem (tanto de caráter intrínseco como extrínseco) deixa muito a desejar, a menos que seja incorporado a um ponto de vista divino. Esse símbolo tem por finalidade mostrar que a nação só prosperará quando seus líderes forem guiados por uma intuição supraconsciente.

A frase *novus ordo seclorum* (de Virgílio), significando "nasce uma nova era", declara que esse acontecimento não consiste apenas na formação de uma nova nação, mas na de uma nova ordem mundial baseada na espiritualidade. O projeto é lançado com fé porque *annuit coeptis*, "Ele [Deus] aprova o nosso intento".

Dominando o reverso do selo está o pássaro que é, agora, uma águia, mas que, em antigas versões, era a Fênix, antigo símbolo da aspiração humana ao bem universal, de renascer através da iluminação e de uma consciência mais elevada. O ramo de oliveira e as setas nas garras do pássaro anunciam que a nova ordem ambiciona a paz mas pretende proteger-se contra aqueles que a destruiriam.

"E pluribus unum", "unidade na diversidade", refere-se à nação composta de Estados; provavelmente, também, à mais alta unidade cósmica. O ornamento salpicado de estrelas sobre a cabeça do pássaro simboliza tradicionalmente a visão cósmica.

O "grande desprestígio" da religião – obra da ciência baseada no pressuposto M-1 – que ocorreu mais ou menos durante um século, estendendo-se até os anos 60, anunciou a morte dos valores subjacentes à grande experiência democrática americana. Pelos anos 70, o estado de espírito prevalecente era, sobretudo, um estado de esquecimento com relação ao significado dos símbolos e de cinismo com relação aos objetivos. No entanto, o poder desses símbolos sobre a psique coletiva é tal que, se a nação americana tiver que recuperar sua posição anterior de liderança moral no mundo, ela o fará através de um esforço concentrado em torno desses símbolos e significados – e de nenhum outro.

Mudança na linha de conduta: Um exemplo

Já observamos anteriormente que poderíamos antecipar (até paradoxalmente) que o mundo dos negócios, sendo, por um lado, um produto acabado do paradigma industrial do Ocidente, seria, por outro lado, um dos primeiros setores a se adaptar a essa nova transformação – em primeiro lugar absorvendo alguns de seus *slogans*, estilos de vida e valores superficiais, para no final assumir plenamente a transformação. Os primeiros sinais desse processo já estão patentes no desenvolvimento organizacional e na área de treinamento de executivos. Será útil ver um exemplo:

Larry Wilson é um empresário muitíssimo bem-sucedido em diversas áreas, tendo fundado a Wilson Learning Corporation, especializada em cursos de vendas, administração, gerência e liderança. Fundou também e dirige o Pecos River Learning Center, sediado em um rancho de 2000 acres no nordeste do Novo México, cuja finalidade é a de proporcionar um treinamento avançado aos futuros executivos de primeiro escalão. Seus clientes são as gerências esclarecidas de grandes a muito grandes empresas.

Larry está convencido de que um novo dia se inicia para a liderança empresarial. Muitos dos que passam pelos seus seminários têm a mesma opinião. O que aprendem interessa não só por chamar a atenção para novas características do mundo dos negócios, mas porque sumariza as revelações principais da linha de conduta da nossa cultura.

As quatro "lições" seguintes são a chave, segundo Wilson, de uma liderança (e vida) de sucesso na nova era. Será útil considerá-las como exemplificativas do tipo de entendimento que, de acordo com a perspectiva favorável dos pressupostos M-3, faz sentido, e que visto através de lentes M-1 pareceria, quando muito, duvidoso.

Medo e confiança – Medo e falta de confiança são dois dos mais importantes fatores inibidores dos executivos (e de todos nós). Medo de crítica, do ridículo, do fracasso, nos impede de transformar em atos nossas potencialidades – num grau muito maior do que se nota de imediato. Pelo fato de não termos confiança, tentamos fazer individualmente o que não pode ser feito sozinho. A coisa mais importante a aprender a respeito de medo e de confiança é que ambos são *escolhas* – escolhas inconscientes mas, apesar disso, escolhas, o que equivale a dizer que podemos *optar por* confiar e não ter medo.

Uma das boas maneiras de aprender sobre medo e confiança é por meio da experiência. Por exemplo, o medo pode se apresentar diante de nós ao tentarmos escalar uma montanha ou ao realizar alguma façanha no alto (com equipamento de segurança), de forma que deparamos com a necessidade de enfrentar o medo de (possivelmente) arriscar a vida. A confiança é aprendida numa atividade de grupo, cujo objetivo não pode claramente ser atingido sem que um membro dependa do outro. (Num desses exercícios, Wilson faz com que o grupo pule uma parede de mais de cinco metros de altura sem a ajuda de nenhum apetrecho. Para isso, eles precisam formar uma pirâmide humana a fim de que a primeira pessoa pule – e, possivelmente, uma cadeia humana para alçar a última pessoa. A lição da necessidade de confiança e de cooperação é aprendida num nível muito profundo de experiência.)

Outra forma efetiva de encarar o medo e a confiança é afirmando algo assim: Não existe nada a temer no universo. Eu posso confiar. Eu posso confiar na minha própria mente (embora os ensinamentos de minha cultura digam que no inconsciente há males ocultos e coisas repugnantes que não devemos tentar aprofundar sem a assistência de um psiquiatra). Posso confiar nos outros (embora a vida pareça apresentar muitas provas em contrário). Posso confiar no universo para suprir minhas necessidades. (Precisamos nos lembrar do conselho: "Não se aflija... Olhai os lírios do campo, como crescem; eles não tecem nem fiam; no entanto... nem mesmo Salomão, em toda a sua glória, se vestiu como um deles... Portanto, não se preocupe com o amanhã".)

Afirmar que "Eu não tenho medo" ou que "Eu confio" é estar, de certa forma, enganando a si próprio – assim como o atleta está mentindo para si mesmo quando afirma "Estou saltando com elegância por cima de uma barra situada a uma altura de sete pés e dez polegadas", sabendo que nunca pulou tão alto em sua vida. A questão, porém, é que ele está se programando para fazer exatamente isso. Da mesma forma, no processo de afirmar a ausência de medo e uma confiança absoluta, a pessoa está se programando para ver o mundo de uma forma diferente – e de, em sua experiência, senti-lo diferentemente. (Lembre-se de que, no caso de andar sobre brasas, a interrupção temporária da crença de que ''andar descalço sobre carvão em brasa queima os pés'' resulta em imunidade contra esse perigo.)

Propósito – A segunda lição é a de que cada um de nós pode descobrir, no fundo de nossa alma, um sentido de propósito – de termos sido escolhidos para vir ao mundo fazer alguma coisa. Alinhar nossa vida a esse propósito é o mais próximo que podemos chegar do ''segredo da vida''. Estruturar uma organização destinada a ajudar cada indivíduo a encontrar esse sentido profundo de propósito e a agir a partir dele é assegurar-lhe um cabedal infinito de motivações.

No entanto, nós tipicamente experimentamos uma grande resistência a esse alinhamento interior. Não temos que ir muito longe para encontrar a razão dessa atitude. Para realizar o objetivo de alinhar nossos anseios aos profundos propósitos ocultos do universo, precisamos não ter *nenhum outro objetivo*. Nenhum outro desígnio, ambições, planos, esperanças, ideais, desejos, preferências, predileções, fórmulas morais, reputação de virtude, consistência ou bom senso, nem análises racionais de condutas preferíveis – absolutamente nada. (Notaremos nisso uma ênfase familiar às tradições orientais do desapego, ou à tradição cristã que fala em "tudo perder para tudo encontrar".) A mente-egóica recua ao sentir seu controle ameaçado.

Podemos novamente usar o poder de ''reprogramar'' a afirmação e o interior imaginário. Uma afirmação tal como ''Eu não tenho outro desejo senão o de conhecer a parte mais profunda de mim mesmo e de segui-la'', vivamente imaginada como verdadeira, e repetida muitas vezes por dia, durante meses, produzirá mudanças surpreendentes.

Criar uma imagem – O sentido de propósito não é bastante específico para formar uma base de ação. É necessário criar uma imagem. Nós fazemos isso o tempo todo, sem pensar. Muitas vezes essa imagem não nos ajuda – como por exemplo: ''Acho que vou falhar'' ou ''Estou tentando com todas as minhas forças chegar lá'' (afirmando ser difícil).

Uma vez criada a imagem, e havendo um compromisso assumido, os fatores e as forças destinados a motivar sua realização já estão em marcha. "Coincidências", "golpes de sorte" e "palpites" parecem significar alguma coisa; a transformação da imagem em ato processa-se de uma forma misteriosa, como algo mais que etapas planejadas acrescidas de acontecimentos fortuitos. Não há necessidade de esforço – o esforço deriva da luta interior entre o condicionamento e a intuição profunda.

Quanto mais viva e firme se mantiver a imagem, maior será a sua tendência para se transformar em ato. Em se tratando da imagem coletiva de um grupo ou de uma organização, ela é ainda mais poderosa. Daí se segue que a verdadeira liderança está em ajudar o grupo a criar uma imagem que esteja o mais possível alinhada com seu senso individual de propósito, assegurando dessa forma a motivação para realizá-la sem a necessidade de influências externas. A administração efetiva procura favorecer o compromisso com uma perspectiva de futuro partilhada, e desenvolver, entre todos os seus membros e em todos os níveis, um alto grau de alinhamento em torno dessa imagem.

A mesma idéia tem aplicação na área referente à mudança fundamental da sociedade. O passo decisivo para a concretização dessa mudança é o de afastar as imagens negativas para as quais nós inadvertidamente temos contribuído, e escolher uma imagem que expresse nosso propósito interior e os daqueles que nos rodeiam.

Agir com feedback – A imagem é a base da ação e a ação constitui um elemento essencial. Porém, devido ao fato de que nenhum de nós pode discernir claramente qual a ação que levará à consecução do objetivo, qualquer ação que realizemos parece desviar-nos do alvo. A essência da quarta lição é analisar tudo o que acontece – sucesso ou insucesso, sorte ou azar, oposição ou ajuda inesperada – como ocasião que nos informa sobre a oportunidade da ação.

Dessa forma, ninguém fica preso a um determinado resultado. Não importa se a ação atinge ou não o objetivo; não importa se a ação gera oposição, encontra obstáculos ou parece redundar em malogro; não importa nem mesmo se o objetivo não vem a ser aquele que realmente desejávamos. Só uma coisa importa: a decisão interior de seguir o profundo senso de propósito e de considerar tudo o mais como propostas de um universo basicamente amigo.

À medida que esse modo de vida se torna um hábito, olhamos para a nossa vida pregressa e descobrimos muitas coisas que não tínhamos então condições de descobrir. Decisões passadas foram, de certo modo, tomadas de uma forma que contribuiu para a nossa competência e compreensão atuais mesmo se na ocasião não tínhamos consciência disso. Técnicas desenvolvidas ao longo do caminho, conhecimentos adquiridos, tudo isso será aproveitado em tarefas para as quais agora nosso aprendizado interior nos impele. Nossa vida exterior continua a ser muito o que era antes; a iluminação não nos levou à necessidade de usar vestes brancas, aliciar discípulos e construir templos. A vida é como era antes – mas com uma profunda diferença. Diferença que poderia ser definida como uma sabedoria silenciosa, profunda, e uma alegria intensa. Essa alegria não é afetada pela adversidade, ou pelo fracasso aparente, pela oposição ou pela crítica – porque, repetimos, todos esses percalços são sinais aceitos como respostas, impelindo-nos para o caminho que, com mais sinceridade, desejamos para nós mesmos.

Devido à interconexão de todas as mentes com a mente universal, poderemos estar certos de que as tarefas para as quais fomos designados serão as mais eficientes na solução dos males fundamentais do mundo, dos quais a fome, a pobreza, as epidemias, a peste e a guerra constituem parte integrante. Não precisamos ter medo de, ao seguir no encalço do nosso próprio e verdadeiro interesse, falhar em contribuir ao máximo para a realização dos interesses justos de nossos semelhantes.

Reflexão final

Concluímos com estas quatro ''lições'' por que seria difícil acrescentar ainda alguma coisa, visto elas serem a súmula de um *modus vivendi* derivado ou sugerido do fato de consagrarmos nossa vida a uma série de pressupostos do tipo M-3. Basta-nos uma simples conversa casual para verificar que o número de pessoas que estão seguindo esse caminho está aumentando rapidamente. A crise de significados e de valores, tão evidente nos anos 60, está sendo silenciosamente solucionada. O que antes parecia um conflito entre ciência e religião está sendo sanado por meio de uma simples observação: ''Não existe conflito entre a 'sabedoria perene' das tradições espirituais do mundo e uma ciência baseada em pressupostos M-3.'' O número de cientistas que está conciliando sua ciência com os pressupostos M-3 ainda é pequeno, mas está aumentando. Instituições pioneiras, como algumas

186

pequenas firmas de empreendimentos, estão optando por objetivos coletivos, acompanhando o treinamento do pessoal e encorajando as lideranças, segundo os mesmos pressupostos. Esses são os indícios que sugerem que uma completa mudança de mentalidade está a caminho.

É difícil para qualquer um de nós entender plenamente o que é indubitável e verdadeiro: *Se* os pressupostos básicos sobre os quais se baseia a sociedade moderna estão na realidade mudando da forma que sugerimos, segue-se *que a sociedade, dentro de poucas gerações a contar de agora, será tão diferente da sociedade moderna industrial como esta o é da sociedade medieval.* Além disso, ela será diferente de uma forma que apenas podemos intuir vagamente – exatamente a mesma enorme dificuldade que teria um futurólogo da Renascença tentando descrever a sociedade moderna.

Nós gozamos de uma vantagem sobre qualquer outro período da história. No tempo em que ocorreram profundas mudanças, aqueles que as atravessaram propendiam a ignorar-lhes o significado histórico e a se fixarem sobretudo nos percalços e dificuldades da transição. Nós somos bastante afortunados por poder observar a ocorrência de importantes mudanças dentro do curso de uma única existência e também por possuir bastante discernimento para ter uma boa idéia do que está acontecendo. Nossa parte nessa mudança pode ser divertida e estimulante. Podendo escolher, por que não ver as coisas dessa maneira?

Referências e leitura adicional

* John Adams (org.), *Transforming Work*; Miles River Press, 1984.

Henri Bergson, *Creative Evolution*; University Press of America, 1984.

* Morris Berman, *The Reenchantment of the World*; Cornell University Press, 1981.

* David Bohm, *Wholeness and the Implicate Order*; Routledge and Kegan Paul, 1980. [*A Totalidade e a Ordem Implicada*, Editora Cultrix, São Paulo, 1992.]

* John Briggs e David Peat, *Looking Glass Universe: The Emerging Science of Wholeness*; Simon and Schuster, 1984.

* Fritjof Capra, *The Turning Point: Science, Society, and the Rising Culture*; Bantam, 1982. [*O Ponto de Mutação – A Ciência, a Sociedade e a Cultura Emergente*, Editora Cultrix, São Paulo, 1986.]

* Alex Comfort, *Reality and Empathy: Physics, Mind, and Science in the 21st Century*; SUNY, 1984.

* Bill Devall e George Sessions, *Deep Ecology: Living as if Nature Mattered*; Peregrine Smith, 1985.

Riane Eisler, *The Chalice and the Blade*; Viking, 1987.

* Marilyn Ferguson, *The Aquarian Conspiracy: Personal and Social Transformation in the 1980s*; J. P. Tarcher, 1980.

Philip Goldberg, *The Intuitive Edge*; J. P. Tarcher, 1983. [*Intuição: O Que é Intuição e Como Aplicá-la na Vida Diária*, Editora Cultrix, São Paulo, 1992.]

* Willis Harman e Howard Rheingold; *Higher Creativity: Liberating the Unconscious for Breakthrough Insights*; J. P. Tarcher, 1984.

* Edward Harrison, *Masks of the Universe*; Macmillan, 1985.

Robert Hutchins, *The Learning Society*; Praeger, 1968.

Aldous Huxley, *The Perennial Philosophy*; Harper Brothers, 1945. [*A Filosofia Perene*, Editora Cultrix, São Paulo, 1991.]

Arthur Koestler, *Beyond Reductionism*; Beacon Press, 1971.

Thomas Kuhn, *The Structure of Scientific Revolutions*; 2ª edição; University of Chicago Press, 1970.

James E. Lovelock, *Gaia: A New Look at Life on Earth*; Oxford University Press, 1979.

James E. Lovelock, "Geophysiology: A New Look at Earth Science". *Bull. Amer. Meteorological Society*, vol. 67, nº 4, abril de 1986, pp. 392-397.

* Abraham Maslow, *Toward a Psychology of Being*; 2ª edição; Van Nostrand Reinhold, 1968.

* Robert Muller, *New Genesis: Shaping a Global Spirituality*; Doubleday, 1979.

Lewis Mumford, *The Transformations of Man*; Harper Brothers, 1956.

Jacob Needleman, *A Sense of the Cosmos*; E. P. Dutton, 1976.

Perry Pascarella, *The New Achievers*; Free Press, 1984.

* F. David Peat, *Synchronicity: The Bridge Between Matter and Mind*; Bantam, 1987.

* Kenneth Pelletier, *A New Age: Problems and Potentials*; Robert Briggs Associates, 1985.

Michael Polanyi, *Personal Knowledge*; University of Chicago Press, 1958.

Karl R. Popper e John C. Eccles, *The Self and Its Brain*; Springer International, 1981.

Milton Rokeach, *The Open and Closed Mind*; Basic Books, 1960.

Theodore Roszak, *Person-Planet: The Creative Disintegration of Industrial Society*; Anchor/Doubleday, 1978.

E. F. Schumacher, *Small is Beautiful: Economics as if People Mattered*; Abacus, 1974.

Rupert Sheldrake, *A New Science of Life*; Frederick Muller, 1981.

Pitirim Sorokin, *The Crisis of Our Age*; E. P. Dutton, 1941.

Roger Sperry, "Changing Priorities"; *Annual Review of Neuroscience* (1981), vol. 4, pp. 1-15.

Roger Sperry, "Structure and Significance of the Consciousness Revolution"; *Jour. Mind and Behavior*, Winter 1987, vol. 8, nº 1, pp. 37-66.

* Brian Swimme, *The Universe is a Green Dragon*; Bear & Company, Inc., 1984. [*O Universo é um Dragão Verde*, Editora Cultrix, São Paulo, 1991.]

* Charles Tart, *Waking Up: Overcoming the Obstacles to Human Potential* (baseado nos princípios de G. I. Gurdjieff); New Science Library/Shambhala, 1986.

Pierre Teilhard de Chardin, *The Phenomenon of Man*; Harper Torchbooks, 1961. [*O Fenômeno Humano*, Editora Cultrix, São Paulo, 1988.]

* Robert Theobald, *The Rapids of Chance: Social Entrepreneurship in Turbulent Times*; Knowledge Systems, Inc., 1987.

Alvin Toffler, *The Third Wave*; William Morrow, 1980.

Arnold Toynbee, *A Study of History* (resumido por D. C. Somervell); Oxford University Press, 1947.

Organização das Nações Unidas, *Charter* (1945) and *Universal Declaration of Human Rights* (1948). Podem ser encontrados na sede da ONU em Nova York.

* Renée Weber, *Dialogues with Scientists and Sages: The Search for Unity*; Routledge and Kegan Paul, 1986. [*Diálogos com Cientistas e Sábios – A Busca da Unidade*, Editora Cultrix, São Paulo, 1988.]

Ken Wilber, *Eye to Eye: The Quest for the New Paradigm*; Anchor/Doubleday, 1983.

* Ken Wilber (org.), *Quantum Questions: Mystical Writings of the World's Great Physicists*; Shambhala, 1984.

Sobre o Autor

Willis Harman é presidente do Instituto de Ciências Noéticas, com sede em Sausalito, Califórnia. Fundado em 1973, o instituto é uma sociedade de fins não-lucrativos, voltado à educação e à pesquisa. Seu objetivo é a divulgação de conhecimentos sobre a natureza e as potencialidades da mente e a aplicação desses conhecimentos para o aprimoramento da saúde e do bem-estar da humanidade e do planeta.

Durante 16 anos, antes de assumir esse posto, ocupou o cargo de cientista social sênior na SRI International de Menlo Park, Califórnia. Ele inaugurou um programa sobre pesquisas do futuro, destinado a explorar o porvir nacional e mundial. Nessa posição, trabalhou em análises a longo prazo de planos e políticas estratégicas para um grande número de companhias, agências governamentais e organizações internacionais.

Harman é também professor emérito de Sistemas Econômicos de Engenharia da Universidade de Stanford e membro do Conselho da Universidade da Califórnia.

Recebeu o título de BS em Engenharia Elétrica pela Universidade de Washington (1939), e de MS em Física e PhD em Engenharia Elétrica pela Universidade de Stanford, em 1948. Lecionou durante muitos anos na Universidade da Flórida antes de fazer parte do corpo docente da Faculdade de Stanford, em 1952. Foi conferencista contratado pela Fundação Fulbright para discorrer sobre temas relacionados com a teoria da comunicação estatística, na Universidade Técnica Real de Copenhagen, durante o ano de

1959. Foi oficial da reserva em serviço ativo na Marinha dos Estados Unidos durante a II Guerra Mundial.

No transcorrer de 1960, o dr. Harman participou ativamente da recém-formada Associação de Psicologia Humanística, atuando como membro da Junta de Executivos e do Corpo Editorial do *Journal of Humanistic Psychology*. Foi membro da Junta do Conselho Técnico Comercial, trabalhando no Departamento do Comércio dos Estados Unidos de 1973 a 1977.

O dr. Harman é autor de numerosos textos e estudos relacionados com vários aspectos da Engenharia de Sistemas e Elétrica, com pesquisas sobre o futuro, análise e política social e sobre a transição em curso na sociedade. Foi citado como um ''futurólogo exemplar'' na obra de referência *The Study of the Future* (1977), editado pela World Future Society. Ele prefaciou o livro *An Incomplete Guide to the Future* (W. W. Norton, 1979) e foi co-autor das obras: *Changing Images of Man* (com O. W. Markley, Pergamon, 1982), *Higher Criativity* (com Howard Rheingold, Jeremy Tarcher, 1984), e *Paths to Peace* (com Richard Smoke, Westview Press, 1987).

O Instituto de Ciências Noéticas

O Instituto de Ciências Noéticas foi fundado em 1973, para dedicar-se à pesquisa, ao diálogo e à divulgação de assuntos concernentes à mente humana e à consciência e seu papel na evolução contínua da humanidade.

Seu principal programa inclui:

Os Mecanismos Internos da Cura

Possibilitar uma compreensão científica da relação mente/corpo tem sido o objetivo fundamental do Instituto. Seus primeiros trabalhos estavam voltados à verificação da importância do elo entre a mente e o corpo, com o apoio de praticantes de técnicas alternativas. Presentemente, o Instituto está patrocinando um programa de pesquisas devotado ao estudo dos mecanismos da cura. Quais os processos inatos em nós que estimulam a recuperação e a auto-reparação natural? Existe um sistema desconhecido de cura que promove a cura de doenças normalmente fatais? O Programa de Mecanismos Internos incentiva a apresentação de teses elaboradas por cientistas de renome e conferências sobre trabalhos interdisciplinares voltados aos mecanismos de cura.

As áreas programadas incluem:

• *Imunologia neuropsíquica* – Quais os sistemas de conexão entre a mente, o cérebro e o sistema imunológico? Podem essas conexões interferir na autocura de uma maneira significativa?

• *Remissão espontânea* – Qual a prova da existência da remissão espontânea? Que tipos de doenças são mais "passíveis de remissão"? Que tipos de pessoas experimentam a remissão e por quê? O Instituto criou o maior banco de dados médicos a respeito da remissão e em breve começará a registrar a incidência da remissão nos Estados Unidos.

• *Cura espiritual* – De que modo a oração, a meditação e as crenças espirituais afetam a cura? A cura alcançada espiritualmente segue caminhos ainda mais poderosos que os trilhados pela remissão? Qual a psicofisiologia da cura milagrosa?

Completa Mudança de Mentalidade

Muitos sinais apontam para uma completa mudança de mentalidade que está ocorrendo em todo o mundo, impelida por um complexo de problemas globais interligados e pela visão emergente de um futuro mundial positivo. Embora a plena natureza dessa transformação ainda não seja visível, ela sem dúvida implica reavaliação do conhecimento científico da mente e do espírito humanos; a nossa relação ecológica com o planeta, a certeza da paz e da segurança comuns; e o papel dos negócios na criação de um futuro viável e significativo.

O Instituto está comprometido com várias outras organizações no esforço de colaborar para que essa mudança seja uma transição suave e coesa. Uma das áreas mais críticas é a que se refere à conquista da paz mundial. Nesse caso, as atividades incluem participação num projeto internacional de segurança alternativa; promoção de um ponto de vista positivo sobre a possibilidade de se alcançar a paz; viagens à União Soviética e outros países, com oportunidades de dialogar sobre as respectivas culturas e de exercer a "diplomacia dos cidadãos"; e a divulgação do folheto de autoria de Willis Harman, intitulado "Como Pensar na Paz", que faz parte de um Pacote de Paz, à disposição no Instituto.

Faculdades Excepcionais

Quais os limites internos e externos das faculdades humanas? Somos – todos nós – capazes de conquistas extraordinárias e, em caso de uma resposta afirmativa, quais as chaves para isso? Como podem as faculdades excepcionais ser treinadas, e quais as implicações decorrentes do novo conhecimento que teríamos delas? Respostas a essas perguntas – progressos no nosso entendimento a respeito "do grande alcance da natureza humana" – poderiam ajudar a definir uma nova e vital visão das possibilidades humanas e renovar os compromissos de um objetivo positivo, tanto social como individual.

As faculdades excepcionais vão desde *as comuns, desenvolvidas em alto grau*, como cálculos-relâmpago e memória fotográfica, até os processos *anômalos e paranormais*, tais como visão remota ou cura a distância. Incluem também *realizações excepcionais*, como as manifestadas na genialidade criativa ou no cultivo de traços heróicos do caráter, como *altruísmo criativo* e *extraordinárias transformações sistêmicas*, como na remissão espontânea e no insólito controle voluntário das funções mente/corpo. Essas faculdades desafiam tanto a adequação dos modelos científicos existentes no desempenho humano, como a adequação das crenças individuais aos limites da excelência e da realização pessoais. O estudo e as pesquisas voltadas a descobrir mais a respeito da natureza dessas faculdades excepcionais poderiam ter uma conseqüência muito mais abrangente no campo da ciência, dos negócios, da educação e do esporte, assim como da saúde e do bem-estar individuais. O Instituto está desenvolvendo uma agenda de pesquisas e patrocina investigações especiais a respeito do extraordinário comportamento humano.

O Espírito Altruísta – É um programa importantíssimo dentro da área das faculdades excepcionais. Através desse programa o Instituto patrocina a pesquisa multidisciplinar sobre duas questões: "O que é, e quão universal é a nossa capacidade de amor desinteressado e de comportamento criativamente altruístico?" e "Quais as condições internas e externas para incrementar o desenvolvimento do altruísmo intrínseco como um traço constante do caráter?" Os dons morais fazem parte dos tópicos que estamos investigando. O Prêmio do Templo, conferido anualmente pelo Instituto de Ciências Noéticas, honrará um ou mais exemplos de espírito altruísta – luz irrefreável do amor que existe no coração da humanidade.

As atividades de pesquisa pioneira, de difusão e de divulgação patrocinadas pelo Instituto são financiadas quase que na sua totalidade por doações de seus membros e de outras fontes particulares. Sendo uma organização sem fins lucrativos, o Instituto está aberto a todos. Seus membros são constantemente informados a respeito dos últimos progressos nesses importantíssimos campos de estudo. Recebem com regularidade publicações destacando descobertas emocionantes sobre o trabalho dos principais pesquisadores, artigos profundos sobre aspectos decisivos e difíceis de pesquisas que se realizam a respeito da consciência, avisos de futuras conferências, espetáculos, programas de turismo, resenhas de novas publicações e a oportunidade de encomendar livros e gravações diretamente do Instituto, com desconto.

Membros de todo o mundo se unem para patrocinar a pesquisa que está levando ao entendimento e à melhoria da qualidade de vida de todos nós. Para mais informações:

> The Institute of Noetic Sciences
> 475 Gate Five Road, Suite 300, P. O. Box 97
> Sausalito, CA 94966-0097
> (415) 331-5650

O TRABALHO CRIATIVO
O Papel Construtivo dos Negócios numa Sociedade em Transformação

Willis Harman e *John Hormann*

Quais são os novos meios de se fazer negócios capazes de proporcionar a todos os cidadãos oportunidades para um trabalho significativo e gratificante? E por que só agora essa ação é possível?

Uma profunda transformação no papel do trabalho e dos negócios está em andamento. Sua energia propulsora não brota de uma administração engenhosa, ou de líderes carismáticos, mas é uma irrupção de novas metas e valores mais profundos que inclui uma grande faixa de pessoas. Existem fortes evidências de que a valorização do aprendizado, do ensino e do desenvolvimento humano indica uma sociedade em vias de curar a si mesma.

Os negócios, grandes e pequenos, estão numa posição singular para canalizar essas aspirações em prol de um trabalho significativo voltado para a transformação construtiva do mercado de trabalho. Muitos negócios estão já em bem-sucedido estágio de funcionamento, com base em novas regras recém-elaboradas: sobreviver, prosperar e colaborar.

. . . .

"Uma obra-prima. Harman e Hormann atacam os maiores problemas que atormentam o ser humano atual com uma perspectiva eclética única, compassiva, fruto de uma laboriosa e minuciosa pesquisa. O livro resultante é uma fonte de inestimável valor para todos os que se interessam pelo futuro do trabalho."

— Larry Wilson, fundador e diretor-executivo dos Pecos River Learning Centers, Inc.

"Não conheço outro tema de tanta relevância para a nossa vida na Terra agora do que o modo como fazemos negócios. O comércio pode destruir ou recuperar o planeta. Este livro insuperável sobre o trabalho no futuro é uma crítica extraordinária sobre o tema crucial da nossa década: a responsabilidade social."

— Paul Hawken, empresário, consultor, autor de *The Next Economy*.

"Livro desbravador. Se me fosse perguntado que livro considero essencial para abrir novas perspectivas de vida e fazer uma contribuição significativa, eu indicaria este. Harman e Hormann divulgam uma sabedoria que reúne apenas o melhor da economia, da psicologia dos negócios, da física, da engenharia, da filosofia. Oremos para que algum dia, logo no início do próximo milênio, sejamos capazes de olhar para o passado e dizer que seguimos as diretrizes sugeridas por este livro."

— Michael L. Ray, co-autor de *Creativity in Business*.

EDITORA CULTRIX

O EMPRESÁRIO CRIATIVO

Peter Russell e *Roger Evans*

O ritmo de mudanças sem precedentes que veremos nos anos 90 exige que usemos nossos recursos criativos como nunca antes. *O Empresário Criativo* é uma obra única no que se refere a uma abordagem prática para estimular o pensamento criativo e a solução de problemas, demonstrando o que realmente significa ser criativo diante dos novos e complexos desafios que o mundo empresarial hoje enfrenta.

Baseado numa ampla experiência de consultoria e de treinamento em grandes corporações do mundo inteiro, este livro é um guia indispensável para os empresários e administradores em geral. Contudo, pelo fato de lidar com princípios que são comuns a cada um de nós, torna-se um livro relevante para todas as pessoas.

"Empresários de sucesso serão aqueles com a capacidade de aprender e, também, de usar o pensamento criativo para encarar e solucionar problemas. Achei não só fascinante, como também útil a descrição desse processo em *O Empresário Criativo*."

Sir John Harvey Jones, MBE

"Este é um livro definitivo, e tenho a séria impressão de que as idéias incorporadas aqui serão a influência predominante nos próximos anos. Compartilho inteiramente de suas idéias."

Anita Roddick, *The Body Shop International Plc.*

"Um livro sensacional sobre o desenvolvimento do potencial humano. A verdadeira revolução na era da informação é a habilidade de usar a nossa mente de um modo diversificado. *O Empresário Criativo* será o seu guia."

John Sculley, CEO Apple Computers Inc.

"Eis um livro extraordinário, útil e inspirador, cheio de fé no potencial humano."

Prof. Charles Handy, Visiting Professor
London Business School

EDITORA CULTRIX

PONTO de RUPTURA e TRANSFORMAÇÃO

Como entender e moldar as forças da mutação

George Land
Beth Jarman

"Ao longo deste século, vêm ocorrendo mudanças sociais, políticas e tecnológicas sem precedentes. Mudanças mais profundas estão à nossa frente. Para tomar as decisões que nos serão exigidas, devemos compreender a natureza da própria mudança — suas causas e seus efeitos —, os riscos e possibilidades que ela traz. É urgente e vital saber como criar um futuro mais desejável e mais humano."

Instituto Smithsoniano

A espantosa avalanche de mudanças que atinge cotidianamente nossa vida pessoal, nossas organizações, a nossa nação e o planeta promete prosseguir. Incontáveis especialistas relatam, em um número imenso de livros e artigos, que a mudança em curso é mais rápida e tempestuosa do que as de todas as épocas da história humana. Embora precisos, esses relatos obscurecem o real sentido do que está acontecendo.

A mudança em curso não é somente mais rápida, mais complexa, mais turbulenta, mais imprevisível. *A mudança em curso é diferente de todas as outras.*

Estamos num Ponto de Ruptura. O fato novo que devemos encarar é: *a própria mudança mudou!*

Ponto de Ruptura e Transformação é um livro que trata de todas as interrogações acerca da mudança. Quantas mudanças mais teremos? Com que rapidez vão acontecer? Para onde leva tudo isso? E, o que é mais importante: como podemos lidar com ela de maneira bem sucedida?

Neste livro, George Land e Beth Jarman respondem e aprofundam essas indagações, ampliando a compreensão da maneira como podemos entender o ponto de ruptura social que hoje envolve o mundo e fornecendo os instrumentos e habilidades pessoais necessários para lidarmos com as amplas transformações da nossa época.

EDITORA CULTRIX

DIÁLOGOS COM CIENTISTAS E SÁBIOS

Renée Weber

À medida que se desenvolveu intelectualmente e progrediu nas conquistas materiais, o homem também se desintegrou e isolou, agindo como se tudo o mais dentro do universo existisse em função dele. Aos poucos, ele foi percebendo que é fundamental para a sua realização o reencontro com a natureza, a *busca da unidade,* da harmonia e da integração de si mesmo com o universo.

Em *Diálogos com Cientistas e Sábios,* Renée Weber, cuja preocupação com o todo "está nos ossos e no sangue", procura exatamente a unidade das coisas — homem e natureza, consciência e matéria, interior e exterior, sujeito e objeto — na certeza de que eles se conciliam. Foi ao encontro de sábios e cientistas que estão no âmago do interesse pela realidade última: na Universidade de Cambridge, ouviu o astrofísico Stephen Hawking, de inteligência desconcertante e avesso ao misticismo; na agitada Nova York, esteve com Ilya Prigogine, Prêmio Nobel de química; encontrou-se com frei Beda Griffiths, beneditino que vive há mais de trinta anos na Índia, onde alcançou rara integração entre corpo, mente e espírito e onde prega o ecumenismo. Conversou ainda com Krishnamurti, com o Dalai Lama, com o Lama Govinda e com Rupert Sheldrake, de idéias revolucionárias no campo da biologia; e, principalmente, com David Bohm, físico famosíssimo, em especial no campo da mecânica quântica.

Diálogos com Cientistas e Sábios aproxima a ciência, a mística e a filosofia, acreditando que o indivíduo é "um microcosmo do universo e, portanto, chave para a compreensão do próprio universo". Valendo-se de métodos qualitativos (mística) e quantitativos (ciência), sábios e cientistas procuram a reunificação do homem e da natureza e nos oferecem sua visão do espaço, do tempo, da matéria, da energia, da vida, da consciência, da criação e do lugar que ocupamos na economia das coisas. Como se fosse uma moldura ao pensamento dos entrevistados, fornece-nos ainda a autora referências elucidativas de suas personalidades incomuns.

EDITORA CULTRIX

Outras obras de interesse:

O TRABALHO CRIATIVO – O
Papel Construtivo dos Negócios
numa Sociedade em Transformação
Willis Harman e *John Hormann*

A TOTALIDADE E A ORDEM
IMPLICADA
David Bohm

O FUTURO DA HUMANIDADE
J. Krishnamurti e *David Bohm*

O PONTO DE MUTAÇÃO
Fritjof Capra

O TAO DA FÍSICA
Fritjof Capra

SABEDORIA INCOMUM
Fritjof Capra

O QUE É INTUIÇÃO
Philip Goldberg

A FILOSOFIA PERENE
Aldous Huxley

O UNIVERSO É UM DRAGÃO
VERDE
Brian Swimme

O FENÔMENO HUMANO
Pierre Teilhard de Chardin

DIÁLOGOS COM CIENTISTAS E
SÁBIOS
Renée Weber

O PARADIGMA HOLOGRÁFICO e
Outros Paradoxos
Ken Wilber (org.)

A CONSCIÊNCIA SEM
FRONTEIRAS
Ken Wilber

PONTO DE RUPTURA E
TRANSFORMAÇÃO
George Land e *Beth Jarman*

UM LIVRO CÓSMICO – Sobre a
Mecânica da Criação
Itzhak Bentov e *Mirtala*

À ESPREITA DO PÊNDULO
CÓSMICO
Itzhak Bentov

O DESPERTAR DA TERRA – O
Cérebro Global
Peter Russell

Peça catálogo gratuito à
EDITORA PENSAMENTO
Rua Dr. Mário Vicente, 374 – Fone: 272-1399
04270-000 – São Paulo, SP